Was gab´s da noch, HIPPOKRATES?

Medizynische Lyrik

von

Dr. med. Gerold Kaiser

1998

VERLAG WILHELM MAUDRICH
Wien – München – Bern

Vom gleichen Autor erschien im
Verlag Wilhelm Maudrich:

"Oh heiliger Hippokrates"

© Copyright 1998 by Verlag für medizinische Wissenschaften Wilhelm Maudrich, Wien
Printed in Austria

Alle Rechte, insbesondere das Recht der Vervielfältigung und Verbreitung sowie
der Übersetzung in fremde Sprachen, vorbehalten. Kein Teil des Werkes darf in irgend
einer Form (durch Fotokopie, Mikrofilm oder ein anderes Verfahren) ohne schriftliche
Genehmigung des Verlages reproduziert oder unter Verwendung elektronischer Systeme
verarbeitet, vervielfältigt oder verbreitet werden.

All rights reserved (including those of translation into foreign languages). No part of this
book may be reproduced in any form – by photoprint, microfilm, or any other means –
nor transmitted or translated into a machine language without written permission
from the publishers.

Geschütze Warennamen (Warenzeichen) werden nicht besonders kenntlich gemacht.
Aus dem Fehlen eines solchen Hinweises kann also nicht geschlossen werden,
daß es sich um einen freien Warennamen handle.

Titelbild: Sybille Soukup
Illustrationen: Elisabeth Fritsche
Herstellung und Druck: Ferdinand Berger & Söhne Ges.m.b.H.,
A-3580 Horn, Wiener Straße 80
ISBN 3-85175-701-7

Inhalt

Vorwort	7
Rigorosen	8
Stethoskop	11
So war´s	13
Studienimpressionen	14
Promotion	17
Jungarzt	19
Praxiseröffnung	22
Verbindungen	24
Urlaubssorgen	25
Honorare	28
Pille	30
Interne Angelegenheiten	31
Dermatologie	33
Proktologie	34
Kardiologie	36
Gerichtsmedizin	38
Werbung	39
Oben ohne	41
Licht!	42
Unsicherheiten	44
Das Loch	45
Cauda alba	47
Die Uhr	49
Gedankenblitze	51
Warzen	53
Beherzt	54
Rettungsarzt	55
Münchhausiaden	57
Zungenspitzen	60
Burn out	63

Massage	65
Schiffsarzt	67
Lustprobleme	70
Nervositäten	71
Tierarzt	73
Wirbelsäulen	75
Musterung	77
Theaterarzt	80
Menschen	81
Gefühle	83
Hygiene	85
Chirurgen	87
Hitzewellen	89
Frau Wirtin	91
Gynäkologisches	92
Anästhesie	93
Mündig?	95
Landarztleben	97
Landarztleiden	99
Ländlicher Wanderpokal	101
Spenden	104
50 Jahre Doktorsmann	107
Hippokratische Pegasusjünger	110
Nachruf	111
Glossar	112
Für den Notfall	118

Vorwort

Die Entwicklung der Medizin hatte in den letzten fünfzig Jahren sehr große Fortschritte zu verzeichnen. Insbesondere nachdem die Technik in der Medizin Einzug gehalten hat. Man denke nur an die Fortschritte in der Radiologie, wo Computertomogramme und heute auch das dreidimensionale, computergesteuerte Bild nicht mehr wegzudenken sind. Genauso hat die Herzchirurgie eine gewaltige Entwicklung durchgemacht. Von den allgemeinen Organtransplantationen gar nicht zu reden.

Und genau deswegen sollte man sich wieder der Wurzeln erinnern, aus denen wir mit unserem medizinischen Wissen stammen. Es ist nicht alles so einfach vor sich gegangen, wie es heute ausschaut. Drum mögen die beiden Büchlein, die den Vater des ärztlichen Eides als Zeugen anrufen, die geehrten Leserinnen und Leser auf humorvoll-medizynischem Wege wieder an ihre Wurzeln erinnern.

Der Autor

Die Karikaturen stammen aus der Feder von Elisabeth Fritsche.

Wien, 1998

Rigorosen

In unser´m Land, bei Rigorosen,
Gibt´s Wissenschaft in kleinen Dosen.
Zumeist, nach jahrelangem Schwitzen,
Dort endlich die Studenten sitzen.

Da unter ihnen auch Exoten,
Wird Wunderliches oft geboten.
Und schlägt sich dies in Noten nieder,
Dann heißt´s: Studenten, kommet wieder.

War ein Studiosus so verwegen,
Ein drittes Mal sich anzulegen,
Da kam vom Dekanat die Kunde,
Ein Hofrat stoße zu der Runde.

Um dem Dilemma auszuweichen,
Heißt´s gute Noten zu erreichen.
Da helfen Freundin und Kollegen
Mit Zetteln, Zeichen, Flüsterreden.

Die Augen schmachten, das ist klar,
Obwohl doch nichts dahinter war.
Und manches Dekolleté da wächst
Proportional zum Prüfungstext.

Der Prüfer, selbst einmal Student,
Der lächelt leis´, weil er dies kennt.
Er weiß von Angst und Prüfungsblock,
Nervosität und Notenschock.

Oh, alter Burschen Herrlichkeit?
Die Zeit, die ist entschwunden.
Student sein heißt heut´ Arbeitszeit
Von mehr als vierzig Stunden.

Stethoskop

Als man allein mit Ohren lauschte,
Was Herz und Magen da so plauschte,
Da schreckte sich manch nackter Rücken,
Wenn so ein kaltes Doktor-Ohr
Auch ihn wollt´ heiß beglücken.

Doch bald gab´s ein Verläng´rungsrohr
Für´s kalte Mediziner-Ohr.
Zumeist aus Holz und auch Metall.
Man trug es gern – fast überall.

Als Ärzteschmuck in dem Jahrhundert
Solch Stethoskop ward oft bewundert.
Nur war dies nichts für Doktors Rücken:
Zum Horchen mußte er sich bücken.

Doch da befand ein Doktorsmann:
Hängt endlich Gummischläuche dran.
Und in die Ohren, in die tiefen,
Steckt zur Verbindung er Oliven.

Dies Stethoskop hat ihm gegeben,
Daß er jetzt aufrecht geht durch´s Leben.
Der stolzen Haltung hehrer Preis?
Der Ehrentitel: „Gott in Weiß!"

Doch so ein Gott, wie man es kennt,
War einstmals ebenfalls Student.
Der trug schon damals beim Visitenwandel,
Bereits den schönsten weißen Mantel.

Ein Stethoskop ward auch gefunden
Und locker um den Hals geschlungen.
Das hob ihn aus der weißen Masse
Von Schwestern, Pflegern und gab Klasse.

Das Stethoskop und der Student
Auch ganz privat kaum Ruhe kennt.
Weil dieser eifrig und ganz klinisch
An knospend Busen lauschen möcht´.
Meint er dies medizinisch?

Wenn Damen gaben sich genierlich,
War das vor Zeiten ganz natürlich.
Doch heut´ auch gern die Dame lauscht,
Wenn die behaarte Männerbrust
An ihrem Ohr vorüberrauscht.

Nun hab´ ich alles durchgecheckt
Vom Stethoskop als Kultobjekt.
Auch seine Zeit, die wird entschwinden,
Und dann wird man als Kultobjekt
Nur mehr Computer finden.

So war´s

Ja, damals, als ich noch als Student fleißig die Uni besuchte, war es nicht zu umgehen, sich auch ab und zu einer Prüfung zu unterziehen. Für mich war gerade die Pharmakologie aktuell. Wir hatten damals noch streng regulierte Rigorosen. Und so fand ich mich gegen acht Uhr dreißig im Hörsaal des Pharmakologischen Institutes ein. Professor Brücke, ein hervorragender Pharmakologe und ebenso bekannt durch seine ironischen Aussprüche, war gerade abwesend, und so prüfte uns Herr Dozent Kraupp in dessen Vertretung.

Damals war es Vorschrift, daß man zum Abschluß des Prüfungsgespräches auch einige Rezepte mit magistralen Verordnungen anfertigen mußte. So erhielt ich die Aufgabe, Suppositorien für ein Kleinkind zu rezeptieren. In meiner Aufregung fügte ich ein Geschmackskorrigens hinzu. Da meinte Dozent Kraupp, milde lächelnd: „No, Herr Kollege, daß Sie kinderlieb sind, ist ja ganz schön. Aber glauben Sie, daß die da hinten noch was schmecken?" Es war ein voller Erfolg.

Studienimpressionen

Was wurde uns da nicht geboten
An Kindern, Kranken und auch Toten.
Mit Knochen standen wir auf du und du,
Dann kam Physik, Chemie dazu.

Wir warfen Blicke auf Mikroben,
Erforschten Zellstruktur von oben.
Bakterien war das täglich Brot,
Und Viren brachten manchen Tod.

Wir übten uns im Blutdruckmessen
Und war´n auf Chirurgie versessen.
Wir famulierten auf „Interne".
Nur manche Schwester, wie bekannt,
Die sah dies gar nicht gerne.

Doch umgekehrt sah´s anders aus:
Die Schwestern, welch ein Augenschmaus!
Wobei Studentinnen, als Famulanten,
Mehr Assistenten anerkannten.

Uns teilten Pathologen mit,
Was wichtig am Gefrierschnitt.
Und wenn der Histologe uns
Ein Blutbild hat geschildert,
So war dies unter´m Mikroskop
Meist prächtig bunt bebildert.

Dann „Gyne"! Welch ein weites Feld!
Hier kamen Menschen auf die Welt.
Die einen war´n der Welt gewogen,
Die and´ren wurden reingezogen.

So eil´n Student und auch die -Innen
Dahin, um Wissen zu gewinnen.
Und weil dies doch gewaltig groß,
Fragt man sich oft, wie schaffst du´s bloß?

Drum schien es manchmal auch geboten,
Den eignen Standpunkt auszuloten.
Und welchem Fache man geneigt,
Hat meistens sich erst spät gezeigt.

Solang´ man glaubt an sein Genie,
Da kann´s nur sein die Chirurgie.
Doch and´re legten ihr Vertrauen
Viel mehr ins Fach der schönen Frauen.

Allmählich aber wird man weiser.
Die großen Töne werden leiser.
Zum Schlusse fand man auch sein Glück,
Kam man als Praktiker zurück.

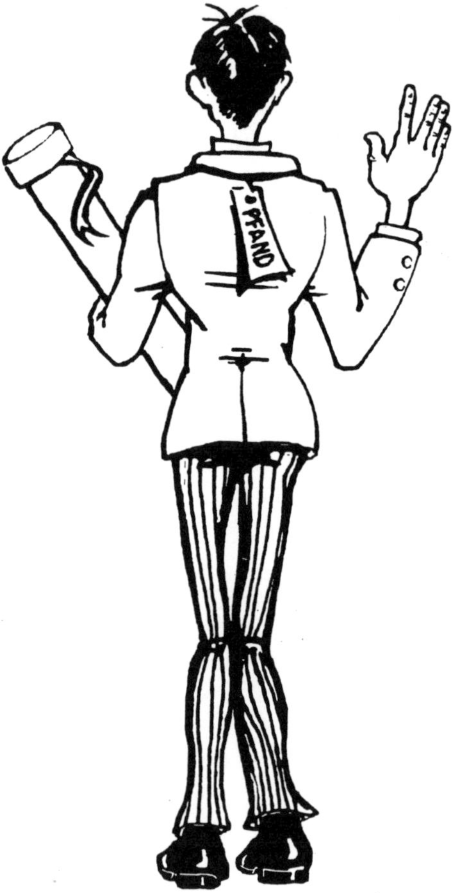
PFAND

Promotion

Allmählich kommt die große Wende.
Das Studium neigt sich zu dem Ende.
Und in der schönen Tradition
Eilt man am Schluß zur Promotion.

Der eine sorgt für die Verbreitung
Und setzt das Ganze in die Zeitung.
Der and´re machte es bekannt
Auf Briefpapier mit Büttenrand.

Im Hörsaal konnt´ man noch mit Socken,
Pullover, Hemd und Hose hocken.
Doch heute, macht man so was nicht.
Auf´s Outfit legt man jetzt Gewicht.

Und parbleu, die Zeit wird knapp.
Schon beim Friseur ging sie uns ab.
Doch mit viel Verve und viel Geschick
Kommt alles auf sein´ Platz zurück.

Dann geht´s zum Rektor und Dekan,
Und damit fängt die Feier an.
Den Freunden ist es eine Ehre
Dabei zu sein – auch als Claqueure.

Es gab Besinnliches zu hören,
Von akademisch sein und werden.
Man wird dich nunmehr Doktor heißen;
Daß du es bist, mußt du beweisen.

Du mußt auch schwören einen Eid,
Der dich ermahnt: Sei stets bereit!
Den and´ren geht es ebenso,
Drum schwören alle: Spondeo!

Und Freude man zum Ausdruck bringt,
Indem man Gaudeamus singt.
Den Dank dem Vaterlande aber künde
Vom Tonband her die Bundeshymne.

Dann gratuliert man gegenseitig
Und hat´s auf einmal gar nicht eilig.
Ein Abschlußfoto, Mutter, Vater.
Adieu, du gute Alma mater!

Jungarzt

Das Gaudeamus ist verklungen,
Der ganze Jahrgang hat´s gesungen.
Gemeinsam geht´s jetzt an die Piste,
Das ist die Ärztekammerliste.

Nur über die ist es dir möglich
Den Turnusplatz zu kriegen ... redlich.
Auf daß das Wissen nicht versau´re
Hofft man, daß es nicht lange dau´re.

Die Hoffnung ist ein wenig schleißig,
Man steht bereits auf Seite dreißig.
Wird´s dividiert durch Seit´ und Mann,
Steht man noch in zwei Jahren an.

Doch der Kollege, den man kannte,
Der „hackelt" lang schon auf dem Lande.
Wie´s ihm geschah, es grenzt an Wunder;
Doch so was gibt es auch mitunter.

Die Landgemeinde sieht´s mit Freude,
Sie denkt halt nicht nur an das Heute.
Und möchte so, diskret für morgen,
Sich einen Doktor med. besorgen.

Doch meistens mit dem Turnusende,
Verläßt der Doktor das Gelände.
Der Weisheit Mekka ist die Stadt,
Die meist auch ein Theater hat.

Drum ist die Stadt voll von Eleven,
Die wiederum zur Kammer streben.
Zu sehen auf der großen Karte,
Wo eine leere Praxis warte.

Natürlich nur in bester Lage,
Das steht hier völlig außer Frage.
Da kommt ein Brief vom Turnusplatz.
Wir sind zu dritt, mein lieber Schatz.

Komm her als Doktor, werde Vater,
Dein Sohn macht dir genug Theater.

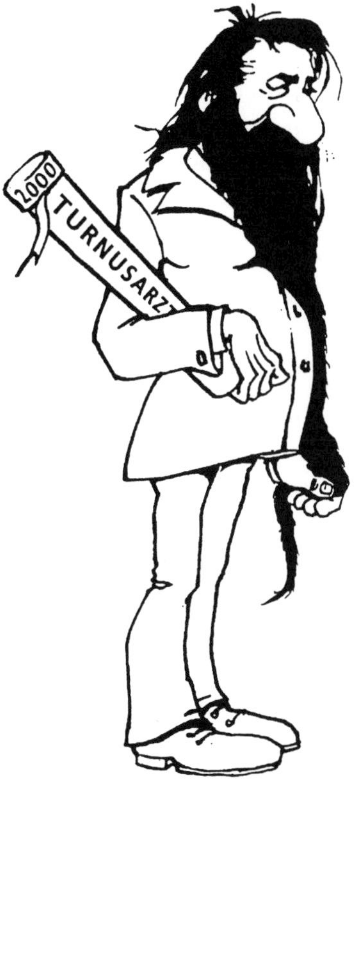
2000
TURNUSARZT

Praxiseröffnung

Geregelt der Vertrag mit Kassen,
Der Hausherr will dich wohnen lassen.
Die Standesliste hat dein´n Namen
Beginn mit Gott, in Frieden, amen.

Es hat was für sich mit dem Beten.
Denn erst´ mal fehlen die Moneten,
Die nötig sind, wie Müh´ und Schweiß,
Um einst zu sein ein Gott in Weiß.

An dem Kredit, da wird man würgen.
Zuerst da braucht man einen Bürgen.
Der wiederum muß was besitzen,
Sonst kommen beide fest ins Schwitzen.

Man darf auch nicht alleine bleiben,
Das Weib muß gleichfalls unterschreiben.
Ein Kapital ist auch vonnöten,
Sonst wird es nichts mit den Moneten.

Hier bürgt die Kammer, laut Vertrag,
Mit einem Ärztekammertodesfallbetrag.
So ausgerüstet kauft man ein.
Was sein muß, muß halt leider sein.

Auch will man essen, will auch leben.
Was hat die Bank dafür gegeben?
Sicher nicht viel, doch Gott sei Dank,
Es bleibt der Doktor rank und schlank.

Zehn Jahre hat der Doktor schwere Stunden,
Bis die Millionenlast geschwunden.
Patienten ahnen so was nicht.
Sie sehen nur ein lächelndes Gesicht.

Denn lachen erst der Doktor kann,
Geht er so an die fünfzig ran.
Die Kinder gehen eig´ne Wege,
Ordination braucht nur mehr Pflege.

Und treibt man es nicht allzu arg,
Dann gibt´s auch keinen Herzinfarkt.
Nach fünfundsechzig darf der Doktor hoffen:
Der Wohlfahrtsfonds steht für ihn offen.

Den Mantel hängt er an das Nagerl,
Steigt ein ins Ausgedingewagerl.
So schön die Zeiten auch gewesen,
Sie war´n umrahmt von Spesen, Spesen.

Verbindungen

Das Schönste jeglicher Erfindung
Ist das Geheimnis der Verbindung.
Am Telefon klappt sie nicht immer,
Spricht man mit falschem Frauenzimmer.

Hochwürden, ohne Telefon,
Verbindung hält mit Gottes Sohn.
Ist dieser einmal abgereist,
Dann spricht er mit dem Heil´gen Geist.

Schon die Chemie uns einstens lehrte
Wie häufig „C" mit „H" verkehrte.
Und Wasser, als die nasseste Erfindung,
Sei auch nichts and´res als eine H_2O-
Verbindung.

Bei Mann und Frau ist die Verbindung
Beliebt als eheliche Bindung.
Und in verklärter „Alter Herr´n" Erinn´rung
Lebt weiter die studentische Verbindung.

Wohl gab´s manch Schnitt an Kopf und Fell.
Der ward verbunden prompt und schnell,
Mit Klammern, Pflaster oder Fädchen.
Jedoch, beim Mondschein die Verbindungen,
Die schuf ganz sicher nur der Kuß
von einem schönen Mädchen.

Urlaubssorgen

Bringt auch das Jahr viel Müh´ und Plage,
Man freut sich auf die Urlaubstage.
Wenn Frost noch an den Fenstern klirrt
Und lang die Zeit bis Frühling wird.

Denkt Schwester Josefin´ voll Sorgen
Schon an die Urlaubszeit von morgen.
Ist´s doch die schwerste aller Plagen,
Die Urlaubszeiten einzutragen.

Mit dem Kalender und mit Kuli
Stellt sie Termine auf bis Juli.
Dann ringt sie in der Urlaubsfrage
Mit Schwestern und der Chefetage.

Die meisten Damen, wie bekannt,
Sind nebenbei auch noch bemannt.
Und alle schau´n mit ernster Miene,
Wie sich entwickeln die Termine.

Zum Schluß sind Schwestern wie auch Mann
Vereint auf dem Kalender dann.
Doch ist bekannt seit vielen Jahren,
Erlaubt ist nur das „Urlaubfahren".

Wenn eine Hälfte der Kollegen
Daheim bleibt, um hier zu vertreten.
Dabei gibt´s öfters noch zum Schluß
Mit den Terminen viel Verdruß.

Das allzu Menschliche kommt meistens,
Wenn´s niemand vorher hat bedacht.
Schießt Amor einmal nicht daneben
Beim Fräulein Doktor, dann gut´ Nacht.

So war´s bei unserer Kollegin,
Für uns mit bitt´rer Konsequenz.
Seit Tagen ist die junge Lady
Sehr glücklich und auch in Karenz.

Wir fuhren trotzdem zu den Stränden,
Auf daß auch wir Erholung fänden.
Und eine Tafel prangt groß an der Tür:
E i n   Doktor ist ganz sicher hier.

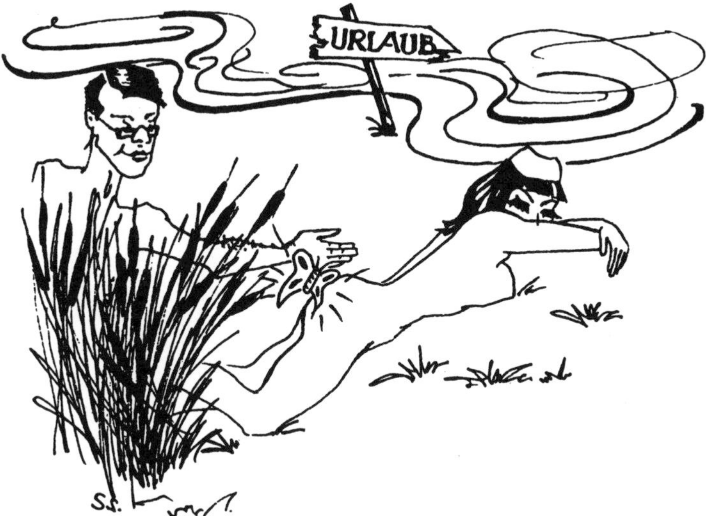
URLAUB
S.S.

Honorare

In höchsten Tönen wird besungen
Der Doktor und die Assistentenschar,
Ist eine Heilung gut gelungen,
Weil´s fast ein großes Wunder war.

Nach ein paar Wochen, wie gemein,
Da schickt der Doktor einen Schein:
„Ich hab´ für Sie ... getan!
Ihr sehr ergeb´ner Dr. Mahn."

Nun, der Patient ist tief geschockt.
Was hat er sich da eingebrockt?
Zum Geldgespräch war´s ja gekommen,
Man hat´s wohl nicht so ernst genommen.

Des Doktors Charme war Hochgenuß.
Wer glaubt, daß man da zahlen muß?
Nun schickt man erst die junge Schlanke,
Daß sie mit Blumen sich bedanke.

Und ist der Doktor nicht erweicht,
Dann wird ein Cognac nachgereicht.
Doch Doktors Geldreserven schwinden.
Drum hängt die Schwester mit Elan
Die erste kleine Mahnung dran.

Da auch ein Schmerz erneut bestand,
Ging beides diesmal Hand in Hand.
Dies hat den Geldverkehr erheblich
beschleunigt, was sonst wär´ vergeblich.

Damit ist neuerlich beweislich:
Auch Ärztetat bemißt man preislich.

Pille

Im Dunkel liegt, wer sie erfunden.
Doch alle woll´n an ihr gesunden.
Vom Menschen sagt´s die Pharmazie,
Die Menschen von der Industrie.

Und so, nach alter Väter Sitte,
Liegt wohl die Wahrheit in der Mitte.
Liest man der Pille Lebenswandel,
So profitierte auch der Handel.

Im Labor kam sie einst zur Welt,
Aus tausend Dingen hergestellt.
Gespült, gepreßt, und dies auf Dauer,
War sie verbittert – sie wird sauer.

Um dieses heimlich zu kaschieren
Tat man die Pille bunt dragieren.
Und schickt sie dann auf schnellstem Wege
Zum Handel und zur Apotheke.

Und hier wird sie dann angepriesen.
Man spricht von Feldern, Wald und Wiesen.
Und auch der Doktor wird zitiert.
Wie wahr, mit Charme wird man verführt.

Doch ohne Pille, das ist wahr,
Da wär´ so mancher nicht mehr da.
Drum ehret sie und schluckt sie runter.
Wer dieses tut, geht niemals unter.

Interne Angelegenheiten

Natürlich ist es unbestritten,
Organe liegen in der Mitten.
Zumindest, was verfügbar ist,
Der helfend Hand vom Internist.

Einst lebte der von den Geräuschen,
Die lieblich klangen aus den Bäuchen.
Er legt sein Ohr auf Brust und Bauch,
Am Rücken tat er´s manchmal auch.

Dann klopfte er mit festem Finger
Auf Leberrand und and´re Dinger.
Er lernte dies beim Faß begreifen,
Heut´ tut er´s eben ohne Reifen.

Wie jährlich neue Blumen blühn,
So ändert sich die Medizin.
Bei Labor und bei Ultraschall
Wird der Patient zum Technikfall.

Die Anamnese bleibt auf dem Gebiete
Derzeit das einzig Exquisite.
Sie sagt, zu welchem Internist
Der Mensch nun auf dem Wege ist.

Und viele, dem Patient gewogen,
Sind grade die, die hinten -logen.
Doch kommt das niemals zu Gerichte,
Der Ursprung liegt in der Geschichte.

Der Phlebologe weiß genau,
Woher der Waden Venenstau.
Als Prokto-loge, weiter oben,
Hat er die Durchfahrt zu geloben.

Der Leber als Chemielabor,
Der steht ein eigner -loge vor.
Und gibt´s ein Wasserwegsmalheur,
Kommt gleich ein Uro-log´ daher.

Wird Luft gebraucht wie eine Droge,
Ist hilfreich nur der Pulmo-loge.
Und Kardio-logen, ohne Frage,
verlängern häufig uns´re Tage.

Ganz sicher ist daraus ersichtlich,
Daß „-logenbrüder" äußerst wichtig.

Dermatologie

Nichts ist dem Menschen mehr vertraut
Als seine gute, alte Haut.
Bisweilen bleiben Falten hier zurück
An diesem schönen Kleidungsstück.

Verbrennungen sind auch nicht ohne,
Das gleiche gilt für Melanome.
Und in so manchen Jünglingshaaren
Oft Floh und Laus zu finden waren.

Auf Feuchtgebieten sah man hocken
Als Liebeslohn die Gonokokken.
Die kennt man seit Columbus Zeiten,
Seither gibts neben Lust auch Leiden.

Die Ärzte, die der Haut gewogen,
Nennt man auf Deutsch Dermatologen.
Sie helfen dir bei solchem Dinge,
Auf daß die Haut dir Freude bringe.

Und ganz gewiß kannst du drauf hoffen:
Sie haben auch mal abends offen.

Proktologie

Nur einen gibt´s, der werkt im Dunkeln,
Sucht Divertikel und Furunkel,
Fissuren auch und Hämorrhoiden.
Wer weiß, warum wir so was kriegen?

Die sind dann meistens vorn am Tore,
Durch das er fährt mit seinem Rohre.
Methan umweht, ein Held in Weiß,
Beginnt die Arbeit er beim Steiß.

Durch Rektum, Sigma, Colonschlingen
Versucht er´s Rohr hindurchzubringen.
Und nach Flexura eins und zwei
Der Blick wird bis zum Caecum frei.

Spürt anfangs er ein „Hoppala",
So war´s bestimmt die Prostata.
Doch wird die Sache einmal eng,
Ein Krebsnest meist in Haustren hängt.

Und was dem Zahnarzt die Rachitis,
Ist Proktologen die Colitis.
Das Feld ist weit, auf dem sie weiden,
Wo sie befreien uns von Leiden.

Es sind sehr delikate Dinge,
Die ich versuche hier zu bringen.
Die hehre Kunst der Proktologen,
Ich kann nicht anders, muß sie loben.

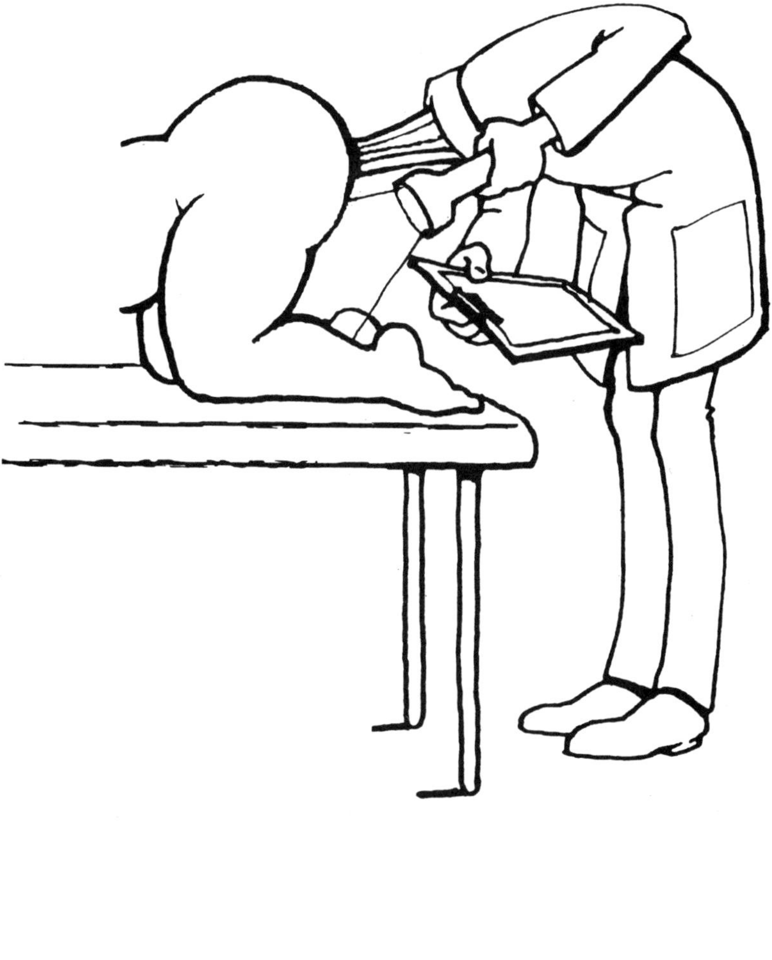

Kardiologie

Es ist für manchen Doktorsmann
Das Herz das wichtigste Organ.

Auf seinem ärztlich langen Wege
Denkt er nur an des Herzens Pflege.

Durch Klopfen auf des Thorax Weite
Prüft er genau des Herzens Breite.

Den Lauschangriff auf´s liebe Cor,
Den führt der Doktor meist per Ohr.

Klingt dann zu laut des Herzens Weh,
Dann greift er auch zum EKG.

Und manchmal bringt ein Echo-Schall
Erst Licht in einen schweren Fall.

Mit Blutdruckmessern an den Armen
Darf mancher mit dem Rad´l fahren.

Wie er auch tritt die Kurbelwelle,
Hier kommt er niemals von der Stelle.

Die Therapie, die kann dann reichen
Zu Infusionen und dergleichen.

Und sei es, daß dies nichts mehr bringe,
Hilft der Chirurg uns auf die Sprünge.

Wenn er Gefäße ausgetauscht,
Das Herz sich bald an Blut berauscht.

Und muß es wirklich einmal sein,
Setzt er auch neue Herzen ein.

Beruhigt sieht man, wenn dann mitunter
Für einen selber ist was drunter.

Gerichtsmedizin

Ein Fach, das selten Freude bringt,
Wenn man nicht Totenlieder singt.
Ich hab´ gefragt und hab´ erfahren,
Der Mensch kommt her meist nur auf Bahren.

Obwohl allein, ist ihm nicht bange,
Und tiefgekühlt hält er sich lange.
Hier tut ihm sicher nichts mehr weh,
Die Daten hängen an dem Zeh.

Dann kommt der große Augenblick,
Der Doktor kehrt zu ihm zurück.
Bedächtig lugt er in die Kiste,
Vergleicht den Namen mit der Liste.

Er ruft den Diener, und ich ahne,
Der hat um acht schon eine Fahne.
Der Doktor meint, den Knaben hier,
Den legst du gleich auf Kammer Vier.

Dort schaut ihn lang der Doktor an,
Wie schade ist´s um diesen Mann.
Dann sucht er weiter unverdrossen,
Zum Schluß steht fest: Der ist erschossen.

Der Doktor schließt das Protokoll,
Das ging heut schnell, ganz wundervoll.
Patient und Doktor haben Ruh´,
Der Diener ist schon etwas zu!

Werbung

Wie schön ist doch die Zeit gewesen,
Als wir Reklame konnten lesen.
Denn ab und zu gab es mitunter
Auch sehr Erfreuliches darunter.

Wie pries da doch ein Kaufmann Frost
Diskret die Waren aus Fernost.
Und als Empfehlung für den Tand
Ein „K. u. K." war bald zur Hand.

Seitdem´s das Fernseh´n hat gegeben,
Bestimmt die Werbung unser Leben.
Gewaltsam wird sie uns serviert
Durch das berühmte Glasgeviert.

Die Werbung ist für uns ein Flirt
Mit all den schönen Dingen.
Es ist der Zeitpunkt, der uns stört,
Zu dem sie Werbung bringen.

Denn wenn der Held die Jungfrau küßt,
Blenden sie ein das Wortgerüst:
Nur weiße Wäsche stimmt dich heiter,
Nimm Mikroperlen und so weiter.

Und auch bei Hamlet wird empfohlen,
Sich Fischers Chips ins Haus zu holen.
Ganz schlimm wird´s erst,
Wenn es passiert,
Daß jemand Salbentöpfchen führt.

Die werden dann bei Tag und Nacht
Per Fernseh´n uns ins Haus gebracht.
Dabei läßt man, ganz unverhohlen,
Die andern die „Kastanien" holen.

Für Nebenwirkungen !?!
Da sträubt sich keine Werbefeder.
Die überläßt man dann getrost
Dem Arzt und Apotheker.

Oben ohne

Vom großen Thema: „Oben ohne!"
Spricht alle Welt in höchstem Tone.
Ob dies auch recht? Mir kommen Zweifel.
Denn im Detail, da steckt der Teufel.

Die Menschheit lebte, ohne Frage,
Mit darbend Seele durch die Tage.
Gelabt ward sie durch Gottes Sohne.
Es geht nun mal nicht oben ohne.

Der Zahnarzt, das ist ganz gewiß,
Der möcht´ für Oma ein Gebiß.
Doch die sagt lächelnd zu dem Sohne:
Ich bleibe weiter oben ohne.

Und brüllt der Säugling in der Wiege,
Auf daß er bald sein Futter kriege.
Dann eilt die Mutter zu dem Sohne.
In diesem Falle, oben ohne!

Das Model lebt von seiner Schlankheit.
Den Busen sieht man nicht, trotz Blankheit.
Das Kleid fällt runter, wie zum Hohne,
Es geht nun mal nicht oben ohne.

Ob Säugling, Model oder Mann,
Es kommt nur auf den Standpunkt an,
Von dem man aus das Herz belohne.
Ob oben mit, ob oben ohne!

Licht!

Einst sprach der Herr: Es brenne Licht.
Die Sonne tat´s, der Mond tat´s nicht.
Dann machten beide einen Handel,
Jetzt hängt der Mond am Sonnenbandel.

Zu Zeiten gab es auch Gewitter
Mit einem Blitz als Lichterzwitter.
Der Mensch war nicht für solche Scherze,
Drum machte er sich eine Kerze.

Die sorgte auch für´s leiblich´ Wohl,
Wenn Wirkung zeigte einst Darmol.
Auch Goethe schrieb bei solchem Lichte
Den Faust und andere Gedichte.

Erst später kam die große Wende,
Die Zeit der Kerzen ging zu Ende.
Das Gaslicht war auf allen Wegen
Zum Wohl der Menschheit – welch ein Segen!

Nur nicht, wenn ganze Häuser brannten,
Was kluge Leute bald erkannten.
Drum ließ man jetzt Dynamos laufen
Und konnt´ sich Strom aus Dosen kaufen.

Auch Ärzte machten sich´s zunutze,
Das kalte und das warme Luce.
Gern schaukeln da die Muskelzellen
Auf modulierten Ätherwellen.

Und mancher Mensch sprang aus dem Rock
Traf hart ihn der Elektroschock.
Seit es erhellt auch Innereien
Bekam das Licht bald höh´re Weihen.

Ein wenig glich man tumben Toren,
Trug man ein´ Spiegel vor den Ohren.
Der bündelte jedoch das Licht,
Auf daß man auch in Höhlen sieht.

Und schnitt man selber tief ins Fell,
Dann brauchte man´s besonders hell.
Gott Jupiter, der das erkannte,
Der schenkte Ärzten seine Lampe.

Seither erleuchtet strahlend hell
Ihr Licht den Weg für das Skalpell.
Brennt dabei noch ein Geisteslicht,
Dann ist die Welt im Gleichgewicht.

So haben wir in vielen Jahren
Die Gunst des Lichtes wohl erfahren.
Vom Anbeginn zum Weltgericht
Die Menschen rufen nach: „Mehr Licht!"

Unsicherheiten

Man hört so viel von Kunst und Fehlern,
Von Journalistenüberlegenheit.
Doch mit dem eig´nen ärztlich´ Wissen,
Da ist es leider auch nicht weit.

Das will man gerne überwinden
Und sucht nach einer Möglichkeit.
Doch die ist sicher schwer zu finden,
Das ärztlich´ Feld, das ist so weit.

Zuerst kauft man sich eine Fibel,
Worin beschrieben all das Übel,
Was die Menschheit so befällt,
Seitdem sie lebt auf dieser Welt.

Dann kommt die „Hausärztin" ins selbe Fach
Zum Propyläen-Almanach.
Befaßt man sich auch noch mit Mendel,
Dann ist ein Muß der Herr Pschyrembel.

Der Sohn sollt´ Medizin studieren,
Der läßt sich aber nicht verführen.
Er ist daran nur interessiert,
Soweit´s die hübschen „Honey´s"
In seinem Spind tangiert.

Drum bleibt zum Buch der Journalist,
Der meistens auch nicht klüger ist.
Im Inn´ren nagt dann häufig Zweifel.
Wem von den beiden glaubt man jetzt
Und wen schickt man zum Teufel?

Das Loch

Trotz aller meiner vielen Fragen
Fand niemand sich, der mir konnt´ sagen,
Er hätt´ es in der Hand gehabt,
Das Loch, nach dem ich ihn gefragt.

Man brachte Mauern, Platten, Reifen,
Ein Loch allein war nie zu greifen.
Trotzdem kennt jeder es genau,
Ob Kind, ob Mann, ob Superfrau.

Das Loch ist alt wie uns´re Welt.
Ein Negativ, das sie erhält.
Die Medizin, die lebt jedoch,
Fast nur allein von solchem Loch.

Denn, um in Tiefen zu gelangen,
Muß man mit einem Loch anfangen.
Ob´s nun vorhanden oder nicht,
Fällt hierbei kaum mehr ins Gewicht.

Ein künstlich´ Loch bringt die Verbindung
Von Infusion und Venenfindung.
Ein Loch nature nun wiederum – die Via naturalis,
ist heute, wie in alter Zeit,
der Untersuchung Basis.

Wird´s ernster, macht man einen Schnitt,
Den aber im Gesunden.
Und formt ihn bald zu einem Loch,
Und zwar zu einem runden.

Dann findet man, was so bedrückt,
Durch´s runde Loch und ist beglückt.
Doch geht es einem wirklich dreckig,
Dann wird das Loch, das man da braucht,
Sehr häufig leider eckig.

Wenn du an all´ die Dinge denkst,
Mit Lorbeer sei das Loch bekränzt.
Denk nie von nichts, es sei nicht wichtig,
Das Gegenteil davon ist richtig.

Cauda alba

Die Medizin, die ist sehr schick,
Zumindest für den Augenblick.
Gelernt hat man die harten Daten.
Was so entnervt, war´s lange Warten.

Ein Turnusplatz wird endlich frei,
Man glaubt es nicht, man ist dabei.
Seit Jahren war man drauf versessen,
Nur hat man in der Wartezeit,
Was man gelernt, total vergessen.

Um aufzufrischen die Gebiete,
Geht man zuerst mit der Visite.
Dort stellt man sich als neuer Mann
Ganz hinten bei der Cauda (alba) an.

Und vorne, man erahnt es nur,
Da steht die Creme der Professur.
Bei dieser wissenschaftlich´ Fete
Verweilen sogar Oberräte.

Daneben auch die Schwesternschar
Mit viel Papier vorhanden war.
Dahinter, streng nach Hierarchie,
Da steh´n die alten Medici.

Am Ende, daß ich da nicht lüge,
Stand ich als jüngster Turnusarzt
Noch immer auf der Stiege.

Auch diese Zeiten geh´n vorbei,
Am Ende ist man „Turnus-frei".
Obwohl begonnen auf den Stiegen,
Ist man am Ende doch zufrieden.

Die Uhr

Auf vieles hatte er verzichtet.
Jetzt ist der Doktor eingerichtet.
Er fühlt sich rundum pudelwohl,
Doch fehlt zum Status das Symbol.

Weil pünktlich und auch Frohnatur,
denkt er zuerst an eine Uhr.
Sehr schwer und golden muß sie funkeln
Und leuchten auch im tiefsten Dunkeln.

Und weil beim Pulsen sehr viel los,
Sei der Sekundenzeiger groß.
Ein andrer Zeiger zähl´ als Zeit
Minuten bis zur Ewigkeit.

Der kleine Zeiger, der berichte,
Wie oft man auf den Schlaf verzichte.
Der zeige an die Zeit und Stunde,
Zu der man eingeteilt zur Runde.

Am Zifferblatt, bleib´ eingestellt,
Das schönste Datum von der Welt.
An diesem Tage hattest du
Mit mir das erste Rendezvous.

Nur, wenn Traum und Technik sich vermischen,
Kommt meistens auch der Preis dazwischen.
Drum, weil solch Uhr sehr teuer sei,
Nahm er die „Rolex" aus Shanghai.

Die nimmt den Beutel nicht so her
Und glänzt genauso goldenschwer.
So bleibt das ärztliche Gedenken
Beruhigt an den Handgelenken.

Gedankenblitze

Allmählich sammeln sich Gedanken
Im Hinterkopf, vibrieren, schwanken.
Meist hergeholt aus weiter Ferne
Umkreisen sie der Dinge Kerne.

An was die Welt hat heut Bedarf
Woll´n sie beweisen, messerscharf.
Kaum ist die Spannung zu ertragen,
Gefühle rutschen in den Magen.

Hoch steigt der Spiegel der Hormone,
Der Streß ist, wie gesagt, nicht ohne.
Der Mensch schwankt zwischen Lust und Frust.
Was hat man alles nicht gewußt!

Endlich in des Brütens Hitze
Entstehn die ersten Geistesblitze.
Mag heute auch der Kopf zerspringen,
Noch in Äonen wird man davon singen.

Doch in des Hirnes tiefer Windung
Regt sich erneut Gedankenbindung.
Wenn so viel Blitze in uns wohnen,
Da wird´s wohl nichts mit den Äonen.

Es ist fast wie ein Treppenwitz,
Für alles gibt´s ein´ Gegenblitz.

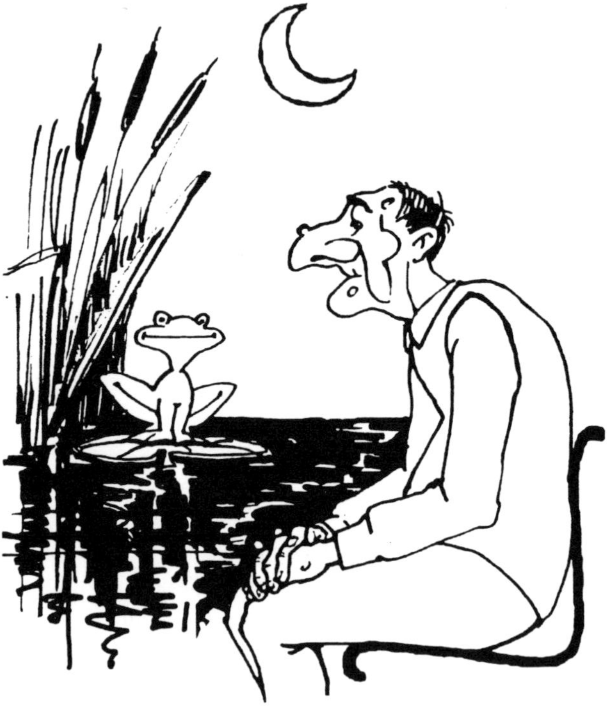

Warzen

Wie Blumen auf den Wiesen steh´n
Sind Warzen auf manch Haut zu seh´n.
Ob Kinder, Jugend oder Greise,
Ein jeder trägt´s auf seine Weise.

Das Papillomavirus bringt,
Wenn´s durch die Haut in Tiefen dringt,
Manch Faden, Stachel und auch Knoten
An Stellen, die hätt´ Gott verboten.

Da häng´n sie nun mit ihren Dornen
Am Lebensfaden von den Nornen.
Die haben ihn gerecht gemessen,
Doch scheint´s, die dritte von den Nornen,
Die hat das Schneiden ganz vergessen.

Drum, um die Warzen zu vertreiben,
Die Ärzte löffeln, brennen, schneiden.
Man hört, es wirke auch mitunter,
Klebt man ein Warzenpflaster drunter.

Sind Warzen aber mondessüchtig,
Dann ist die Nacht besonders wichtig.
Da wirkt der Vollmond im Duett
Mit einem lauten Froschquartett.

Da wird sogar ein Virus schwach
Und gibt vereinten Kräften nach.
Drum hofft der Mensch, es möge bleiben
Das ärztlich´ mittelalterliche Treiben.

Beherzt

Beherzt der Säugling, der der Welt
Mit frohem Schrei entgegenfällt.

Beherzt und voller Lebenslust
Das Mädchen fliegt an Jünglingsbrust.

Beherzt die Oma nach dem Enkel greift,
Wenn der dem Bad entgegenreift.

Beherzt zur Prüfung eilen die Studenten,
Nur nicht so gern an Wochenenden.

Beherzt zu sein ist große Mode
Und endet frühest mit dem Tode.

Rettungsarzt

Dem Kind im Manne kommt entgegen,
Wenn Dinge sich von selbst bewegen.
Ob Autos oder Kinobild,
Das Kind im Mann ist danach wild.

Reift dann der Mann, mit Kind, heran,
Da kommt das Doktorspielen dran.
Die gute Freundin ist sehr tapfer,
Sie stellt sich vor als erstes Opfer.

Das Ganze ist sehr eindrucksvoll,
Sie finden´s beide wundervoll.
Dann sind im Fernseh´n wilde Szenen
Von Autocrash, von Blut und Tränen.

Dazu die neueste Erfindung: Computer!
Sie bringen die Verbindung
Zu Polizei und Feuerwehr.
Oh, liebes Herz, was willst du mehr?

Das Kind im Manne reift heran.
Was einstens spielerisch begann,
Studiert er jetzt als Medizin.
Der Führerschein war auch noch drin.

Das Fernseh´n wird zurückgeschraubt,
Weil man nicht mehr an alles glaubt.
Man freut sich auf Computer, Faxen.
Fast fehlt die Zeit schon zum Relaxen.

Sein´ Traum, den hat der Mann gefunden,
Wo Technik, Medizin verbunden.
Drum fährt er heut´ als Rettungsarzt
mit funkelnden Geräten.
Und manchmal schwingt im Raume mit
Ein tiefes, leises Beten.

Münchhausiaden

Noch planschte ich in meinem Teich,
Recht wohl genährt den Engeln gleich.
Doch bald, da kommt die große Fete
Am Tag, wo ich die Welt betrete.

Da kam zuerst zu mir die Mutter
Mit Streicheln, Wiegen und mit Zucker.
Viel später dann die Freunde kamen
Und hielten gern mich in den Armen.

Nun ist es Sitte hier auf Erden
Zu wissen, was man einst will werden.
Im Mittelpunkte will ich leben,
Ich glaub´, das könnte mir was geben.

Geselligkeit? Das wäre richtig.
Auch Liegen halte ich für wichtig.
Umhegt zu sein, das will ich werden.
Das hat nur ein Patient auf Erden.

Und als Patient, da fing ich an.
Zuerst war´n nur die Schwester dran.
Schon bald, auf mein´ Kommandoschrei,
Da kamen erst mal deren zwei.

Ich schaltete auf Dauerton.
Da kam entnervt der Doktor schon.
Den Schrei, den hab´ ich tief verwahrt,
Wenn´s sein muß, hab´ ich ihn parat.

Mein Schrei, jetzt nannte man ihn Anamnesen.
Ich glaub´, noch nie war er so gut gewesen.
Es eilten wieder an mein Bett
Doktores, Schwestern im Quartett.

Da hörten sie von mir Geschichten,
Ich kam kaum nach mit all dem Dichten.
Von Magenschmerz und Gallensteinen,
Von Blinddarmreiz und Nierenleiden.

Natürlich hab´ ich nichts von all den Dingen,
Will nur mehr Mitgefühl erringen.
Und meistens auch gelingt mir das:
Sie glauben mir, und das macht Spaß.

Doch einer, scheint´s,
der kannt´ Münchhausen,
Der ließ die Anamnese sausen.
Er fordert Labor, Ultraschall und Check
Hat er den Schrei in mir entdeckt?

Man schickt zum Schluß mich zum Psychiater.
Mein Gott, was macht der für Theater.
Am besten ist´s, ich laß´ die Sache sausen.
Ich nehm´ den Doc zum Ehemann
Und pfeife auf Münchhausen.

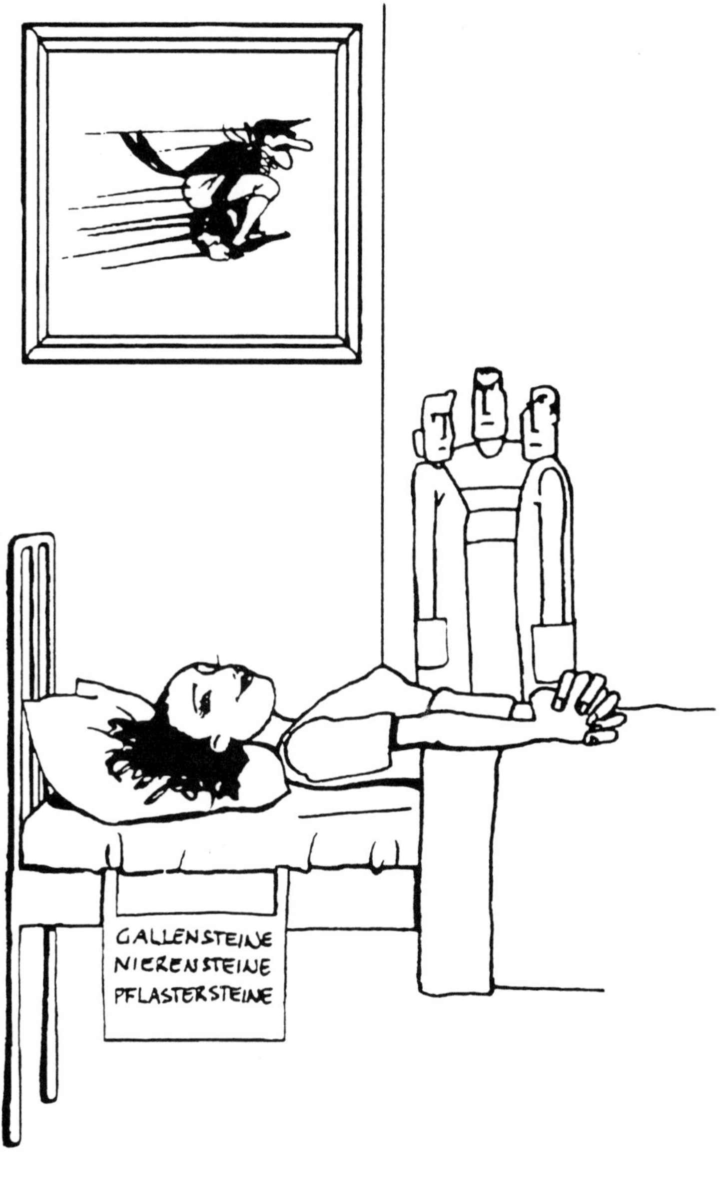
GALLENSTEINE
NIERENSTEINE
PFLASTERSTEINE

Zungenspitzen

Der Mensch braucht täglich Herz und Lunge,
Am meisten aber seine Zunge.
Man sagt, dies sei besonders echt
Beim lieben weiblichen Geschlecht.
Wenn da die Nacht nicht brächte Schlaf,
Die Zungen blieben weiter wach.

Ganz fröhlich aber schwingt die Spitze,
Wenn Zungen sich erzählen Witze.
Ist´s aber Ernst, das ist kein Witz,
Da wird die Zungenspitze spitz.
Nur, wenn auch Liebe eingebunden,
Macht gern die Zunge Überstunden.

Der Indianer, so die Kunde,
Sprach öfter mit gespalt´ner Zunge.
Und Politik blieb´ weit zurück,
Wär da nicht dieses Meisterstück.
Auch Nachbarn trieben´s mit ihr häufig,
Meist bös gemeint und sehr geläufig.

Beim Pelztier tut die Zunge nutzen,
Um gleich das ganze Viech zu putzen.
Strahlt dann die Hitze noch auf´s Haus,
Hängt sie manch´ Hund zum Hals heraus.
Die Kuh kennt noch ein´ ander´n Nutzen,
Sie braucht sie auch zum Nase putzen.

Ist einmal was an Darm und Lunge,
So kennt´s der Arzt schon an der Zunge.
Poetisch klingen da die Namen,
Die Ärzte hier der Zunge gaben.
Und g´rade da, bei Darm und Lungen,
Gab´s Himbeer- und auch Erdbeerzungen.

Melodisch scheint es ohne Frage,
Wenn´s „Lingua serrata" klingt.
Als ob ein Caballero
Der Zunge nachts ein Ständchen bringt.

Was Hirne denken bei Erfindung,
Die Zunge bringt es in Verbindung.
Und trotzdem ist das ganze nur
– Muskulatur!

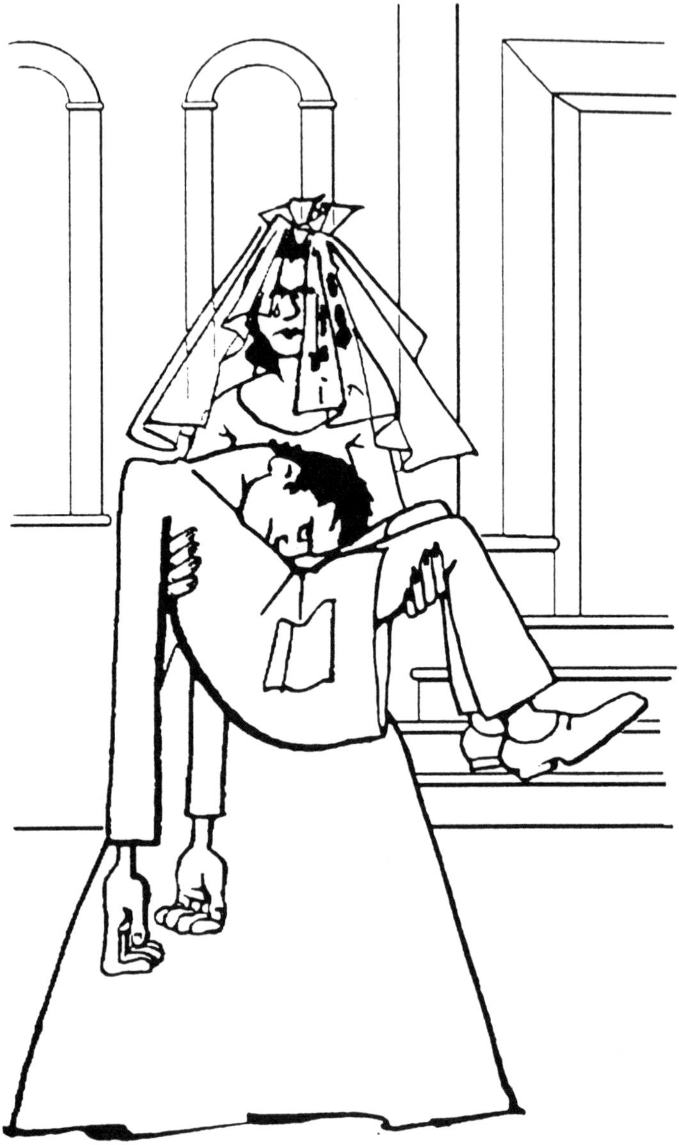

Burn out

Jetzt endlich hat er´s auch geschafft,
Das Doktorat, mit ganzer Kraft.
Nun steht am Bett er vor dem Leiden.
Das Telefon hört man von weitem.

Die Ambulanz ist voll Gedränge,
Da wartet auf ihn jede Menge.
Und manche Dame, gut gebaut,
erinnert ihn an seine Braut.

Hier muß er sich nun fleißig regen,
Erwartet man doch helfend Segen.
So harrt er aus, er sagt´s umwunden,
Bereits seit achtundvierzig Stunden.

Glaubt fast, im Krankenhaus zu wohnen
Bei all den Spritzen, Infusionen.
Obwohl manch´ Maid wär´ gar nicht prüde,
Ist er zum schäkern schon zu müde.

Nicht ´ mal die Schwesternschar begeistert,
Die Augen sind fast zugekleistert.
Die Hände wie beim Parkinson,
Die Seele pfeift den letzten Ton.

Zur Hochzeitsnacht spricht er zur Braut:
Es tut mir leid, ich bin burned out.
Die Braut, natürlich, war bereit,
Doch sieht sie's ein, 's ist nicht die Zeit.

Nach wochenlanger Pflegeplage
Regt sich's bei ihm ...
Ein Grund zur Frage?
Die Braut jedoch ihm anvertraut:
Seit gestern sei nun   s i e   burned out.

Massage

Bei Begrüßung und bei fröhlich Treiben
Sich Eskimos die Nasen reiben.
Es reiben sich auch mit Vergnügen
Die Viecher, wenn sie sich ´mal kriegen.

Die Pompadour mit Flohhandnadel
Rieb sich den Kopf, obwohl von Adel.
Es rieb sich auch so mancher Hund
Und tat sein Mißbehagen kund.

Anscheinend hilft bei manchem Treiben
Ein eignes oder fremdes Reiben.
Erkannt hat wer die Gunst der Stunden,
Seither reibt er den Kreis der Kunden.

Französisch hört sich´s besser an,
Drum nennt er sich Masseur, der Mann.
Und wie ich´s g´rade heute lese,
Heißt das Pendant dazu: Masseuse.

Ob Institut, ob Hausbesuch
Mit Liegebett und weißem Tuch.
Sie gehen oft damit auf Reisen,
Den Kunden ihre Kunst zu weisen.

Wenn durch den Speck die Finger gleiten
Wie Harfinisten durch die Saiten,
Dann werden harte Waden weicher,
Myogelosen schwinden leichter.

Und nimmt man ab, ist´s weit verbreitet,
Daß auch Massage dies begleitet.
Massage ist ja auch nicht schwer,
Da schwitzt nur einer – der Masseur.

Der müde Mensch wird aufgerichtet
(Wenn er auf Thai-Massage verzichtet).
Er ist dann auch nicht sehr viel schlanker,
Doch den Masseusen äußerst dankbar.

Schiffsarzt

Es war der Leib der schönen Lotte,
Der ihn verführte zu der Flotte.
Ganz weiß und schlank,
Trotz tausend Tonnen,
Hat sie sein Herz im Sturm gewonnen.

Zunächst ging er zu seinem Chef:
Ich liebe es, das alte Reff.
Und ohne sie kann ich nicht leben,
Ich will zur See, tut mir vergeben.

Der Klinikchef, der hat Verständnis
Für dieses heftige Geständnis.
Er läßt ihn zieh´n, den Assistenten,
Der sich als Schiffsarzt will verwenden.

Alsbald hat der dort angeheuert.
Man sieht ihn völlig runderneuert.
Am Kopf hat er die Mütze sitzen,
Die Ärmel tragen gold´ne Litzen.

Die Hosen haben Bügelfalten,
Nur innerlich bleibt´s doch beim alten.
Vom ersten bis zum letzten Glasen
Lernt er jetzt all die Seemannsphasen.

Als Fahrensmann muß er beweisen,
Daß er ein Kerl ist wie aus Eisen.
Drum darf er niemals Wasser kosten,
Am Ende könnte er noch rosten.

Den Passagieren ist verpflichtet
Auch der, von dem hier wird berichtet.
Und man erwartet guten Willen
Bei Seekrankheit und Halspastillen.

Drum, wenn an Bord die Lichter glüh´n,
Sieht man ihn seine Kreise zieh´n.
Er flirtet mit den Singledamen,
Natürlich ganz in strengem Rahmen.

Beim zehnten Törn hat´s ihn erwischt.
Die See ging hoch, es zischt die Gischt.
In seine Arme fiel zur Stunde
Ein „Klasseweib" mit hübschem Munde.

Sie war allein, schlief erster Klasse
Und war auch sonst ganz gut bei Kasse.
Das Schiff war an der Altersgrenze,
Die Dame erst um zwanzig Lenze.

Mit ihr der Doktor macht sein Glück.
Der Seebär geht an Land zurück.
Anstelle vom Klabautermann
Schafft er sich ein paar Kinder an.

Doch vor dem Hause, auf dem Docke,
Hängt ganz vorne Lottes Glocke.
Und weht der Wind dann über´n Rasen,
Hört man sie leise wieder glasen.

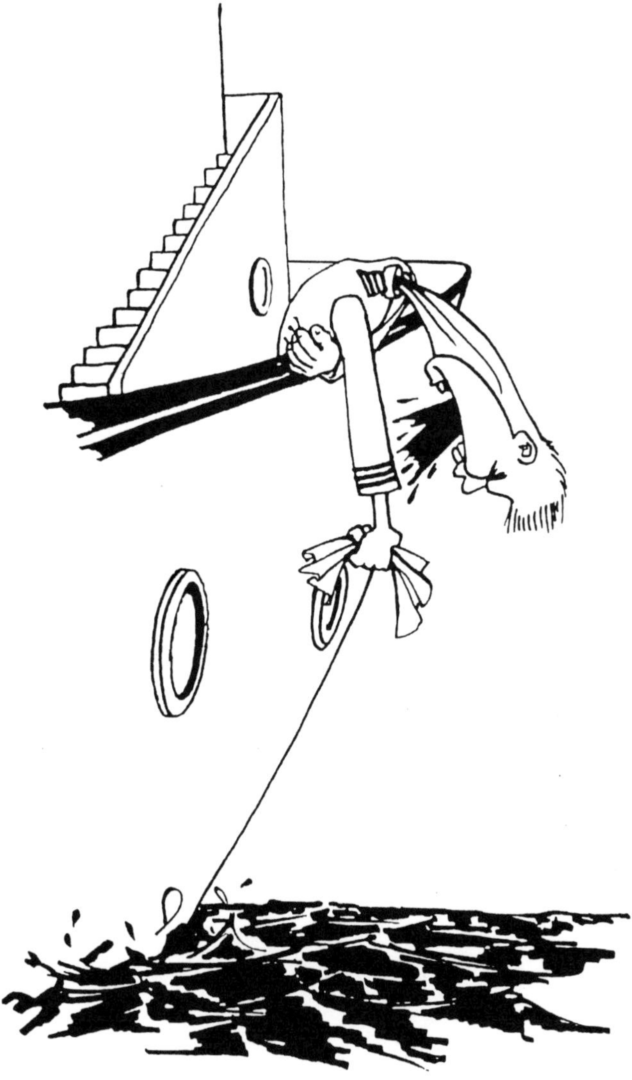

Lustprobleme

Natürlich bringt´s auch Lustgewinn,
Gibt man sich nur der Einen hin.
Man hört auch viel von and´ren Bräuchen,
Doch enden diese meist mit Seuchen.

In Thailand bieten oft die Damen,
Was bei uns fiel´ aus dem Rahmen.
Mit dem Geschenk, mit einem feuchten,
Die Europäer meist entfleuchten.

Daheim heißt´s später „streßbedingt",
Was man sich bei den Damen fing.
Mit diesen lustbetonten Drogen
Geht´s schleunigst ab zum Urologen.

Die machen aus dem kleinen Bengel
Ganz rasch ein´ strahlend weißen Engel.
Was die Chemie so hat gezüchtet,
Es hat gar manches aufgerichtet.

Der Mensch lebt nicht nur seiner Liebe,
Oft übermannen ihn auch Triebe.
Drum muß der Urolog´ entseuchen,
Was uns gefällt an fremden Bräuchen.

Nervositäten

Nichts regt sich ohne Nervenbeben
In uns´rem ach so schönen Leben.
Ob Sinnesregung, Sportverein,
Das würde es nie geben.

Vom Ektoderm, da gibt es jetzt
Ein weitverzweigtes Nervennetz.
Dies schafft die Basis uns´rer Regung
Und ist der Hit für die Bewegung.

Nur manchmal, und dies meistens plötzlich,
Sind uns´re Nerven sehr verletzlich.
Und dann passiert es auch mitunter,
Da sind wir „mit den Nerven´ runter".

Für diese Fälle steht parat
Der Nervenärzte weiser Rat.
Mit Pinsel und mit feinem Rädchen,
Da prüfen sie der Nerven Fädchen.

Ein Hammerschlag auf deine Beine
Bringt die Reflexe schnell ins Reine.
Dann stehst du auf von deinem Bett,
Trittst an zum Nervensuchballett.

Hier schließt man Auge, Arm gestreckt,
Und sucht, wo bloß die Nase steckt.
Auch „Fischers Fritz" noch immer angelt,
Wenn man von Wand zu Wand sich hangelt.

Dann darfst du in dein Inn´res horchen
Und beugst dein Bein wie bei den Storchen.
Zum Schlusse wird noch tief gebückt,
Wenn´s geht, sind alle ganz entzückt.

Dem Neurologen ist vertraut,
Was nervlich falsch unter der Haut.
Und auf obgenannten Wegen
Konnt´ er manch´ Diagnose legen.

Sollt´ in der Lieb´ das Glück sich wenden,
Dann bist du auch, trotz Wassermann,
Bei ihm in guten Händen.

Tierarzt

Sonnenaufgang, Telefon –
Bitte warten, komme schon.
Gummischürze, Arbeitsschuh,
Ärztetasche, Auto zu.

Bauernhof und Hundsgebelle,
Bauersfrau steht auf der Schwelle.
Kuhstall heut´ im Mittelpunkt,
Erstgeburt, die Kuh noch jung.

Doktor steigt in Gummischuh,
Bäuerin macht Schürze zu.
Doktorsarm wird eingeseift,
Bevor er in die Dame greift.

Kalb liegt quer, kann nicht heraus.
Für Bäuerin ist dies ein Graus.
Doktor, hilfreich akkurat,
Dreht das Kalb um neunzig Grad.

Kälberstrick um Vorderfuß,
Langsam ziehen mit Genuß.
Endlich, wie ein Flaschenkorken,
Wird das Kalb ganz sanft geborgen.

Abgerieben, in die Decke.
Milchbar ist gleich um die Ecke.
Und dem Doktor drückt, als Dank,
Die Kuh ein´ Fladen auf die Hand.

Nachgeburt kommt brav im Schwall.
Doktor wäscht sich noch im Stall.
Und zum Schluß gibt´s einen Schnaps,
Rechnung macht man überhapps.

Wirbelsäulen

Der Herrgott hatte angeregt,
Daß sich der Mensch wie´s Pferd bewegt.
Den Hals gereckt, auf allen Vieren
Beim vorwärtsgeh´n und retirieren.

Der Herrgott pflanzte einen Apfelbaum,
Und damit war dann aus der Traum.
Da Äpfel nunmal in der Krone kleben,
Begann der Mensch sich zu erheben.

Den ersten Apfel aß man noch
Im alten Garten.
Auf weit´re Ernten hieß es, warten.
Denn auch der Herrgott aß die Äpfel gerne,
Drum schickte er zuerst einmal
Die Menschen in die Ferne.

Die machten sie sich untertan,
Wie es der Herrgott hat geraten.
Die Wirbelsäule aber schmerzte sehr,
Seitdem sie aufrecht ihre Taten taten.

Das nahm der Mensch sich sehr zu Herzen.
Was er nicht wollte, waren Schmerzen.
Drum hat sich mancher angebaut
Eine dicke, dicke Haut.

Drin konnte er, mit Gottes Segen,
Ganz gut auch ohne Rückgrat leben.
Der Rest der Menschheit steht jedoch
Auch weiter unter´m Arbeitsjoch.

Da schmerzt die Wirbelsäule häufig,
Weiß Gott, auch mir ist dies geläufig.
Trotzdem wird nirgendwo berichtet,
Daß irgendwann der Mensch
Auf´s täglich Obst verzichtet.

Musterung

Zur Säuglingszeit, da wird gemustert,
Was dieser in die Windeln schustert.
Die Mutter mustert dann beim Kind,
Ob auch die Hände sauber sind.

Vergeht die Zeit, so mustert Mann,
Was Mädchen zeigen, dann und wann.
Zurückgemustert wird auch er,
Doch gibt das Ganze noch nichts her.

Kaum ist er aus den Flegeljahren,
Da muß der Jüngling schon erfahren,
Das Vaterland hätt´ auch ein´ Grund,
Zu laden ihn zur Musterung.

Und wie´s heut´ geht dem Enkelsohn,
Das war bekannt dem Opa schon.
Verklärt der heut´ die Zeit empfand
Mit Gott für König, Vaterland.

Sein Sohn, auf Volk und Vaterland verschworen,
wär´ beinah´ tausend Jahre alt geworden.
Wird man den Enkel einst vereidigen,
Dann darf auch er das Vaterland verteidigen.

Davor muß er zur Musterung,
Meist ganze achtzehn Jahre jung.
Hier steht er, wie ihn Gott geschaffen,
Und fühlt sich wie bei nackten Affen.

Er wird geklopft, beäugt, gewogen,
Beschaut auf Hämmorhoidenknoten.
Er muß auch hören leisen Ton –
So will´s die Must´rungskommission.

Und dann wird´s spannend, ohne Frage.
Der Musterling, der muß jetzt sagen,
Ob er geneigt, das Vaterland
Zu schützen wohl mit starker Hand.

Will er der Waffe gar entsagen
Und dienen so im Staatsverband?
Die Ärzte können da nicht raten,
S i e testen nur Gesundheitsdaten.

Und der Erfolg vom Musterungsbekenntnis
Ist dann am Ende die Erkenntnis:
Der eine liebt sein Vaterland,
Der and´re halt ein´ Staatsverband.

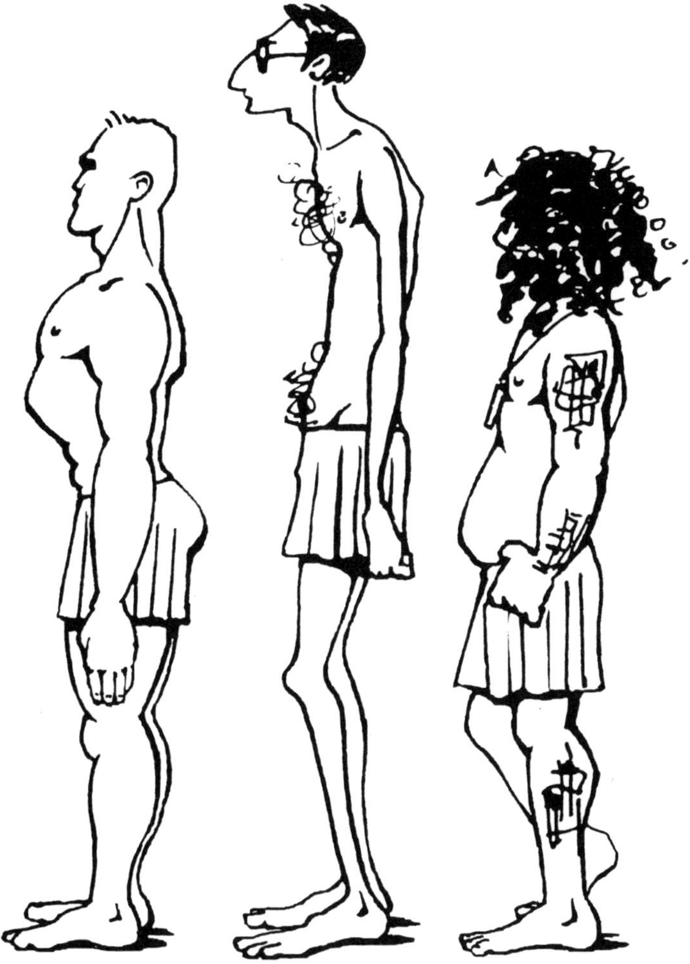

Theaterarzt

Der Vorhang steigt,
Das Licht geht aus.
Und atemlose Stille.

Der Held tritt auf,
Die Diva ruht.
Und Lerchen singen in den Lüften.

Ein Raunen geht durch´s Publikum,
Es quellen Taschentücher über.
Und Seelen träumen wieder.

Theaterarzt vorn im Parkett,
Es flüstert drängend eine Stimme.
Und hell der Raum, Patient auf Bett.

Tutu am Boden, vom Ballett.
Schwarz gewandet die Migräne
Und Kreislauftropfen für die Schöne.

Der Vorhang fällt,
Der Doktor geht.
Und mit der Zeit der Schmerz verweht.

Menschen

Daß der Mensch so leben kann,
Das hört sich wie ein Wunder an.
Denn wie ein Anzug seine Knöpfe,
So hat der Mensch sechs hübsche Köpfe.

Und am Hirn, dem guten, alten,
Trägt Mann wie Weib ein´ dicken Balken.
Damit die Wirbel locker bleiben,
Montierte Gott dazwischen Scheiben.

Was durch des Kinnes Lade fällt,
Als Treibstoff das Labor erhält.
Die Arbeit da von Leber, Darm,
Erhält das Ganze auch noch warm.

Am Ende, ich erinnere mich vage,
Liegt auch noch eine Kläranlage.
Dazwischen, bitte nicht zum Kochen,
Als Längsverbindung gibt es Knochen.

Und eine ganze Rippenkette
Als Damenproduktionswerkstätte.
Ein Pumpsystem versorgt das Ganze
Mit Luft und Saft bis zu den Zehen;
Es könnt´ ja sein, der Mensch möcht´ gehn.

Durch Nervenbahnen, Muskelstränge,
Gibt´s weitere Zusammenhänge.
Doch von dem Anblick nicht erbaut,
Stopft Gott das Ganze in die Haut.

Damit der Mensch sich kratzen kann,
Fügt er noch zwanzig Nägel dran.
Radargeräte vorn und seitlich
Erlauben Lausch- und Weitblick leidlich.

Dies Bildnis hat Gott angehaucht.
Schickt´s weg von Eden, leicht gebraucht.

Gefühle

Über Gefühle kann man reden,
Darüber reden soll man nicht.
Gefühle sind nun mal nicht greifbar,
Ergreifen tun sie sicherlich.

Polarisiert bestimmen sie
Das Hoffen uns´res Lebens.
Ob Haß, ob Liebe, Angst und Mut,
Entrinnen sucht man da vergebens.

Es bringt auch mehr, wenn man sie hat.
Zumindestens beim Liebesleben.
Bei Haß, bei Angst, bei Heldenmut,
Da geht es meist daneben.

Die Liebe ist ein schwierig Ding
Mit Szene und mit Tribunal.
Auch wenn sie Seligkeiten bringt,
Sie bringt auch süße Qual.

Othello hat das schon erfahren,
Der einst von Liebe hat geträumt.
Die Eifersucht, die hat er nicht ertragen,
Der Liebe Traum war ausgeträumt.

HYGI

Hygiene

Hygieia saß im Sand am Meere,
Las fleißig die Gesundheitslehre.
Ganz eigentlich wollt´ sie nur kuscheln
Mit Zeus, dahinten bei den Muscheln.

Doch gab´s auf Erden zu viel´ Seuchen,
Anscheinend lag das an den Bräuchen.
Es ruht zwar brav die Frau bei´m Gatten,
Nur unter´m Bett, da ruhten Ratten.

Drum schaut der Mensch, zumeist recht trübe,
Was ihm da so erhalten bliebe.
Es waren Käfer und Mikroben,
Man fand sie unten wie auch oben.

Der Mensch war, scheint´s, nur Wirtsgehäuse
Für Flöhe, Filz- und and´re Läuse.
Die hatten wieder Untermieter,
Das waren echte Krankheitsbrüter.

Drum schickt Hygieia ihre Söhne,
Bekannt als Ärzte für Hygiene.

Vom Mittelmeer, Italien, Spanien,
Bis hoch hinauf in´s Land Germanien
Verbreiten sie den Ruf nach Seife,
Was zeugte von gewisser Reife.

Mit Methylen und Mikroskopen,
Durch Züchtung und mit Isotopen
Durchforschten sie die letzten Quellen
Von Borreliosen, Salmonellen.

Auch nahm´n sie sich der Dinge an,
Von denen man nicht sprechen kann.
Sie forderten nach jeder Sitzung
12 Liter Wasser zur Benützung.

Hygieia hofft, daß sich dran hält
Ein jeder Mensch auf dieser Welt.
Sonst schickt der HERR, ganz allgemeinlich,
Die Sintflut, die dann alles reinigt.

Chirurgen

Was dem Hausarzt unklar ist,
Schickt gerne er zum Internist.
Was dieser dann nicht klären kann,
Das steht bei dem Chirurgen an.

Tiefsinnig und nach altem Brauch
Setzt der das Messer an am Bauch.
Nach kühnem Schnitt und festem Griff
Sagt er dir dann, warum´s ging schief.

Doch bringt der Mensch nicht nur den Bauch,
Denn Knochen, Muskeln hat er auch.
Gefäße, Nerven ihn umranken,
Nicht zu vergessen die Gedanken.

In diesen hochsensiblen Filz
setzt sich hinein ein spaltend´ Pilz.
Er trennte der Chirurgen Schar,
Was sicher gar kein Wunder war.

Sie gründeten Gesellschaften
Für alle Zellen, die sie reizten.
Ich hab´ sie einstens nachgezählt,
Es waren damals dreizehn.

Kein Wunder, daß sie weiterwachsen,
Zum Schluß, da kamen sie auf achtzehn.
Und seit dieser großen Scheidung
Gab´s natürlich Überschneidung.

Des Chirurgen Griff zum Zeh
Tat sehr dem Orthopäden weh.
Dasselbe ist auch dann der Fall,
Wird kontrolliert mit Ultraschall.

Der Unfallsmann, der hat Gelüste
Auf Kniegelenk und breite Hüfte.
Wie Orthopäden will auch er beweisen,
So mancher Mensch geht nur auf Eisen.

Doch sind sie einmal auf Kongressen,
Dann ist das Ganze bald vergessen.
Gemeinsam lauschen sie
dem Wissenschaftsberater –
Wie damals an der Alma mater.

Hitzewellen

Die Sonne stand an höchster Stelle,
Da kam die große Hitzewelle.
Vom Sonnenstiche halb vernichtet
Ist er ins Krankenhaus geflüchtet.

Hier ruhte er an dunkler Stelle,
Als wiederkam die Hitzewelle.
Die Schwester hat sie ausgelöst,
Als er mit Charme dahingedöst.

Nur, weil auch Liebe ´mal erkalte,
Blieb ihm die Chance, zu sein der alte.
Und doch hat´s beiden Spaß gemacht,
Was sich da tat so manche Nacht.

Die Jahre zogen durch die Lande.
Wie oft er da in Liebe brannte.
Und immer war sie stets zur Stelle,
Die gute, alte Hitzewelle.

In hohem Alter dann, als Greis,
Da war ihm nur mehr selten heiß.
Den Mädchen war er stets gewogen,
Bis er ins Jenseits abgezogen.

Auch hier fühlt er der Hitze Welle,
Nur Liebe war da nicht zur Stelle.
Viel eher war´s ein teuflisch´ Gruß
Von jenem – mit dem Pferdefuß.

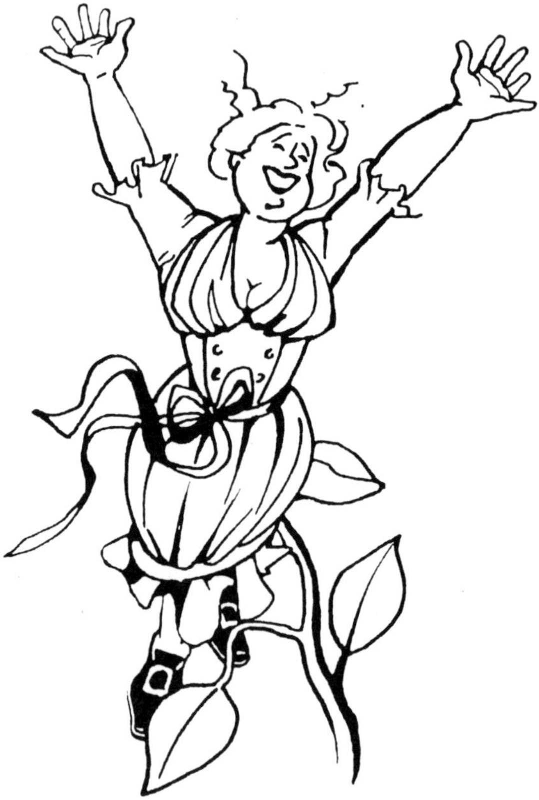

Frau Wirtin

Frau Wirtin hat auch einen Traum:
Vor´m Hause stund ein Gummibaum.
Den kunnt sie nehmen als Trapez
Und wär´ zugleich geschützt vor Aids.

Gynäkologisches

Ein Mädchen einst kam in Bedrängnis.
Es hatte Angst vor der Empfängnis.
Drum ging die Schöne namens Elfi
Zur weisen Frau im Orte Delphi.

Doch deren Sprüche waren kryptisch
Wie Hieroglyphen auf Ägyptisch.
Man mußte alles selbst sich reimen,
Das Ganze war nur mehr zum Weinen.

Auf all dem weiblichen Verdruß,
Der oft begann mit einem Kuß,
Auf diesen hoffnungslosen Wegen
Erwuchsen bald Gynä-Kollegen.

Wenn Adebar, Myome kamen,
Bakterien fielen aus dem Rahmen;
Daß Silikon den Busen hebe,
Damit er weiter freudig bebe.

Gynäkologen dafür standen
Mit Spekulum und zarten Handen.
Drum preisen sie so viele Leute,
Ob Frau, ob Mann, ob Freizeitbräute.

Anästhesie

Schon immer ging sie uns zu Herzen,
Die Chirurgie, die meist mit Schmerzen.
Oft trieb – und das war nicht das Wahre –
Der Schmerz die Menschen von der Bahre.

Wie´s in der Steinzeit war,
Das steht im Dunkeln.
Seit damals, durch die Knochenlöcher,
Bis heute nur die Sterne funkeln.

Dann bauten Häuser für die Siechen
In grauer Vorzeit einst die Griechen.
Zu der Zeit gab´s schon Spezialisten
Für´s Schlafen unter Messerspitzen.

Im Morgenland durch eine Laune,
Ein Persersmann fand die Alraune.
Und nun gab es Narkosen schon
Aus Mandragora, Hanf und Mohn.

Im Handumdreh´n die Schmerzen schwanden,
Doch leider oft auch die Probanden.
Und dann erfand, das war enorm,
Ein Doktorsmann das Chloroform.

Und ein Jahr eher oder später
Gab´s die Narkose auch mit Äther.
Dem Manne, der dies hat erfunden,
Verdanken wir die schönsten Stunden.

Es fand auch später viel Verbreitung
Das Unterbrechen einer Leitung.
Womit erzeugt mit Akribie
Herr Oberst einst Anästhesie.

Und als das Lachgas dann gefunden,
Gab´s im O.P. nur stille Stunden.
Wie sollte, mit dem Schlauch im Rachen,
Das Reden auch noch Freude machen?

Anästhesie, auf diese Weise,
Hält´s Krankenhaus besonders leise.
Und der Chirurg, in aller Ruh´,
Näht lächelnd seine Bäuche zu.

Mündig?

Als es in grauer Vorzeit windig,
Da wurden uns´re Ahnen mündig.
Sie taten von den Bäumen steigen,
Und so begann der ganze Reigen.

Nach Lanzenstich und Kampfesschrunden
Erlagen oft sie ihren Wunden.
Es hat schon seine Zeit gebraucht,
Bis einstmals Ärzte aufgetaucht.

Weil die Patienten meist nicht friedlich,
War´s für den Arzt oft ungemütlich.
Drum schien es besser für den Braven,
Wenn die Patienten würden schlafen.

Zum Glück erfand man die Narkose
Und rettete somit die Chose.
Jetzt endlich hielten die Patienten still
Und taten, wie der Doktor will.

Nur der Patient, weil ausgeruht,
Möcht´ wissen jetzt, was sich so tut.
In seinem Geiste wühlt der Zweifel,
Und das Vertrauen ist beim Teufel.

Das Jenseits, scheints, war nicht so schön,
Als daß man möcht hinübergehn.
Die Aufklärung ist also wichtig
Und vor allem ärztepflichtig.

Da der Patient dazu recht findig,
Erklärt er sich ab heute mündig.
Er fühlt sich nicht mehr zweigeteilt
Und wählt nun selber, was ihn heilt.

Man hört von Essig, Kraut und Bohnen.
Auch möchte er auf Bäumen wohnen!
Doch eines hält ihn ab von diesem Lose:
Wer schickt ihm ´rauf die Diagnose?

Und werden dann vielleicht die Kassen
Das Zahlen für ihn unterlassen?
Und außerdem, wenn´s oben windig,
Bleibt unten man, auch wenn man mündig.

Landarztleben

Mir scheint, wir war´n besonders fleißig,
Wir hatten diesmal mehr als dreißig.
So sprach der Doktor um halb acht,
Bevor er alles dicht gemacht.

Nur Allrounderin Hermine
Schreibt für morgen noch Termine.
Dann kocht sie in dem Küchenbau
Ein Nachtmahl, als des Doktors Frau.

Nach diesem, mit Omelette, Dessert,
Da gibt der Abend nichts mehr her.
Das Fernseh´n wird noch abgestellt,
Bevor man in die Betten fällt.

Die Wirbelsäule atmet auf
Am Ende von des Tages Lauf.
Jedoch im Körper ´rauf und runter,
Da rollt das Blut sehr heiß und munter.

Bald wird der ganze Doktor kribb´lich.
Am Dienstag? Das ist doch nicht üblich!
Im Bett daneben wird schlußendlich
Auch das Herminchen sehr lebendig.

Fast hätte sich da Lust verbreitet,
Wenn nicht das Telefon geläutet.
Und die Entscheidung war nicht ohne:
Hier Telefon – da Sexhormone!

Am Telefon war Nachbar Krause:
Der Tierarzt sei heut´ nicht zu Hause.
Ob nicht der Doktor käm´ herüber,
Die beste Sau, die komme nieder.

Und da er seine Frau entbunden,
Gehör´ Herr Krause zu den Kunden.
Der Doktor steigt aus seinem Bett –
Es sollt´ nicht sein (wär´ auch zu nett).

Und Herminchen muß verzichten
In Sachen „eheliche Pflichten".
Des Nachbars Sau den Vorrang hat.
Warum? Steht auf ´nem and´ren Blatt.

Landarztleiden

Der Urlaub kommt, man schließt das Tor,
Hängt den berühmten Zettel vor.
Vertreten wird mich der Kollege,
Der mir am weitesten zu Wege.

Der Landarzt nun im Urlaub stand,
Geht in den Garten, rechter Hand,
Und werkelt dort mit großer Freud´.
Die bleibt nicht lang´:
Trotz Urlaubszeit
Erscheinen nämlich Leut´.

Grüß Gott, Herr Doktor! So allein?
Wie schön für uns, wir sind zu drei´n.
Für Sie doch eine Kleinigkeit,
Und außerdem, Sie haben Zeit.

Die Schwägerin will Sie beehren
Mit Rückenschmerz vom vielen Kehren.
Sie war´s, die vormittags gesehen,
Wie müßig Sie im Garten stehn.

Und meine Frau kann sich nicht retten,
Ihr fehl´n seit Wochen die Tabletten.
Und selber kann ich kaum mehr gehen,
Sie müssen, Doktor, nach mir seh´n.

Seufzend der Landarzt geht ins Haus,
Für heute ist der Urlaub aus.
Das nächste Mal, da wird man fahren,
Weit weg, bis zu den Balearen.

Und wenn man einmal so weit reist,
Dann ist das ganze Haus verwaist.
Der Garten mag dann friedlich ruh´n,
Das Graben kann der Maulwurf tun.

Ländlicher Wanderpokal

Der Landmensch findet häufig Grund
Zu zahlen nur in Landwährung.
Beim Doktor ist ihm nichts zu teuer,
Dem zahlt er gern mit Speck und Eier.

Wanderpokale sind dabei zu finden,
Wie die Geschichte eines Ei´s mag künden.
Es kam zuerst auf einem Feld
Herein in diese schöne Welt.

Die Bäuerin, als nächste dann,
Sie fand´s und gab´s dem Ehemann.
Dem kam das Ei nun grade recht,
Er hatte Schulden bei dem Knecht.

Und dieser gab es einer Maid,
Die er so gerne hätt´ gefreit.
Doch bei der Maid hat´s schon gefunkt,
Drum gab sie es dem Postadjunkt.

Der brachte es zu seiner Mutter
In Hoffnung auf ein gutes Futter.
Die gab das Ei jedoch dem Pfarrer,
Weil´s Sündenlohn von einem „Drahrer".

Der Pfarrer nahm es auf mit Dank
Und legte es in seinen Schrank.
Auf Suche nach des Pfarrherrn Socken
Die Pfarrfrau fand´s im Kasten hocken.

Das Ei sah aus ein wenig trübe,
Da dachte sie in Nächstenliebe,
Sie wird mit Ei und and´ren Sachen
Der Doktorsfrau viel Freude machen.

Frau Doktor meint, seit diesem Tage
Riecht´s hier nach Ei, ganz ohne Frage.
Drum kocht sie´s ab
Und gibt´s dem Huhn zurück.
Das frißt es auf vor lauter Glück.

Obwohl ein Ei und kein Pokal,
Gewandert ist es allemal.
Nur kam´s, für seine Lebenszeit,
Trotz großem Umweg nicht sehr weit.

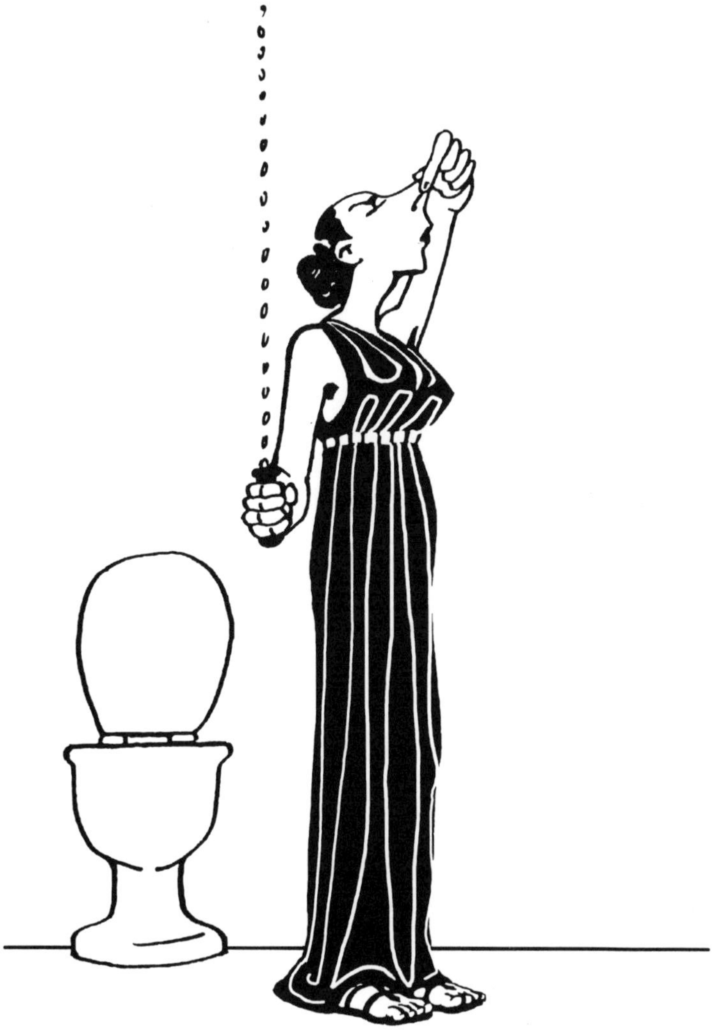

Spenden

Die Mär, die soll hier nicht gleich enden
Ohne Erwähnung von den Spenden.
Sie haben, was daraus auch werde,
Ein wenig von dem Salz der Erde.

Der Doktor als ein guter Mann,
Führt meist die Spendenliste an.
Man hofft, daß es ein Beispiel gibt,
Was da von ihm im Kasten liegt.

Die Abordnung der Feuerwehr
Braucht Spenden für das Spritzgewehr.
Und Spenden für ein Telegramm
Der Postmann gern entgegennahm.

Und kommst du auf die schöne Welt,
Die Kirche ihre Hand aufhält.
Sie braucht die Gelder, das ist richtig,
Denn Religion ist für uns wichtig.

Beim Schulbeginn vom Herrn Papa
Die „Tüte" eine Spende war.
Wie auch für das Matura-Ende
Die Reise stand als eine Spende.

Die Hochzeit will ich auch erwähnen,
Gespendet werden Freudentränen.
Doch ist der Honigmond zu Ende,
gibt´s Tränen – meist als Damenspende.

Und fehlen Kinder im Gelände,
Da braucht es eine Samenspende.
Sehr häufig in dem ländlich Raum,
Erfüllt der Nachbar diesen Traum.

Und Freude will die Freundin bringen,
Wenn ihr als Dank viel Spenden winken.
Die holde Gattin, die wird später
Besänftigt mit dem Einkaräter.

Und wenn es dann zum Ende geht,
Dort wieder eine Spende steht.
Dem Manne, der das Grab gelüftet,
Damit man gut ins Jenseits driftet,
Dem drückt der Freund am Grabesrand
Die letzte Spende in die Hand.

So steht am Anfang, Mitt´ und Ende
Ganz sicher eine große Spende.
Sie ist´s, die unser Leben schmiert,
Bis dieses dann ins Jenseits führt.

Zu spenden auf dem Land gibt´s häufig,
Drum ist´s dem Doktor sehr geläufig.
Zumeist ist er der weiße Rabe,
Der spenden soll die Sondergabe.

Was er da so wird spenden müssen,
Ist neben Geld auch sehr viel Wissen.
Und will er bleiben ungefragt,
Dann hat er immer noch die Jagd.

Dies war der Kurzbericht aus einem Leben –
Natürlich dem vom Landarzt eben.

50 Jahre Doktorsmann

Nicht häufig schreibt der Präsident
Persönlich an den Delinquent.
Ein Brief kam heute auch zu mir
Sehr elegant auf DIN A4.

In großen Lettern steht zu lesen:
Mein Freund, du bist sehr gut gewesen.
Den Doktorhut, den trugst du zünftig
Der Jahre nach schon an die fünfzig.

Drum, der Dekan, der fand es richtig,
Zu ehren dich, das sei ihm wichtig.
Und der Senat der Alma mater
Trat nun zusammen als Berater.

Im Festsaal große Ehrenstunde
Inmitten einer Freundesrunde.
Laudatio, Dokument, Dekan,
Wie es dereinstens auch begann.

Und danach die große Cour
Der Gratulanten auf dem Flur.
Ein Ehrenbürger im Talar
Lädt zum Buffet, wie´s Sitte war.

Gemütlich sitzt man beieinander,
Trinkt Sekt und Wein beim Oleander.
Man trifft da viele, die man kennt,
Ja, auch den Kammerpräsident.

Der Doktor aber hält ans Herz gedrückt
Das Dokument, wo´s Zeugnis liegt.
Manch Anlauf wurde da genommen,
Das Rigorosum zu bekommen.

So manche Noten, die da standen,
Die kannten nicht mal die Verwandten.
Solch´ Dinge läßt man lieber ruh´n;
Man konnt´ auch soviel Gutes tun.

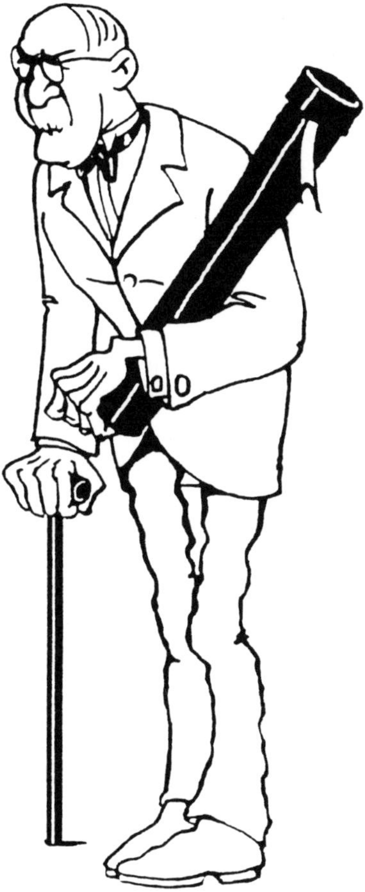

Hippokratische Pegasusjünger

Wer verbunden ist mit Tod und Leben,
Der Medizin ganz hingegeben,
Braucht für sein Seelenheil als Stütze
Nebst Lyrik auch Humor und Witze.

Es hat auch meistens Freud´ gemacht,
Wenn einer über sich gelacht.
Dem frönten in der Ärzteschar
Einst Absolon und Pecinka.

D´rum habe ich mich unverdrossen
An diese beiden angeschlossen.
Was wir da schrieben, sollte werden
Ein Bild, Hippokrates zu Ehren.

Und verdreht, wie manche Wade,
War auch der Vers nicht immer g´rade.
Der Inhalt aber, der sei letztlich –
Wir hoffen´s gern – für Euch ergötzlich.

Nachruf

Von Medizinern schrieb auch Eugen Roth.
Was hat´s geholfen?
Er ist tot.

Erklärung der in diesem Büchlein verwendeten Begriffe

Adebar	Glücks- und Besitzbringer, besonders von Dingen, die einen meist nachts nicht schlafen lassen; Storch
Almanach	Buch, das meist viel Staub ansetzt; Jahrbuch
Äonen	Zeitraum, den man für den Gebrauch eines Jahrbuches aufwenden muß; Ewigkeiten
Ausgedinge-wagerl	VW, Volvo, Mercedes
Burn out	Ausgebrannt sein; ein Leiden, das nur durch Cognac gelindert werden kann
Caballero	Spanischer Edelmann
Chloroform	Mittel zur Einschränkung der Mündigkeit
Darmol	In Verbindung mit Eingeweiden wirkt es abführend
Delphi	Ort, an dem Dame Pythia auf einem Dreibein saß und Zweideutigkeiten von sich gab; auch Orakel von Delphi
Dekolleté	Weichmacher für Prüfer

Dekan	In Hochschulen: Vertreter einer Fakultät; auch Vorstand oder Spektabilität genannt
Drahrer	Ein Homo sapiens, der seine Fähigkeit verloren hat, zwischen Heim und Heurigem zu unterscheiden
Gaudeamus igitur	Promotionsseufzer
Gischt	Schaum, bei Bier und Meerwasser vorkommend
Glasen	Ein Trainingsprogramm für Studenten: 1/2 Stunde = 1 Bier, 1h = 2 Bier usw. bis zu 4h = 8 Bier und Ende; ansonsten: Zeitangabe bei Seeleuten
Goethe, Johann W.	Ein Verseschmied von hohen Graden (Kollege!)
Haustren	Von Haustrum = Schöpfrad, im Dickdarm zu finden (Ausbuchtungen desselben)
Hieroglyphen	Heilige Eingrabungen (griech.) = ägyptische Bilderschrift; im Gegensatz zu den meist unheiligen Tätowierungen
Hofrat	Nicht vererbbarer Beamtentitel, wird meistens zum Vornamen der Gattin

Honorare	Entsprechende Vergütung für Arbeitsleistung; davon träumen Kassenärzte
Hygieia	Das ist Mutti!!! (Göttin der Gesundheit)
Jupiter	Höchster römischer Gott; verschenkte öfter mehrstrahlige Lampen, die nach ihm benannt wurden
Klabautermann	Hilfsbereiter Schiffskobold; droht Unheil, geht er von Bord
Kryptisch	Unklar, schwer deutbar
Laudatio	Lobrede; auch deren Sinn kann manchmal kryptisch sein (Laus = Lob)
Lachgas	Wider Erwarten ein Betäubungsmittel
Lingua serrata	Zerfranste Zunge; sägeartig verformte Zunge bei best. Erkrankungen und bei Erziehungsberechtigten
Loch, rund	Kann alles sein
Loch, eckig	Grube für Holzkisten, meist auf friedlichen Höfen zu finden
Mandragora	Riecht besser als ein Mandrill, betäubt aber trotzdem (Alraune)
Mendel	Antirassist, kreuzt alles

Methan	Gas im Grubengas und im Darm, sehr explosiv
Mehr Licht	Goethes letzter Wille
Model	Backform; auch Damen, die sämtliche Kalorieentabellen auswendig können
Münchhausiaden	(Münchhausensyndrom) Phantastische Erzählungen nach Baron Frh. V. Münchhausen
Musterung	Institution zur Feststellung, ob und wofür junge Männer tauglich sind. Ein Zusammenhang mit der Tatsache, daß bereits mehr als 50 % der Mediziner Ärztinnen sind, konnte bislang nicht festgestellt werden.
Myome	Muskelverdickungen. Nicht mit Bizeps zu verwechseln!
Nebbich	Nu wenn schon (jiddisch)
Othello	Er war schwarz, trug weiß und sah rot.
Parbleu	Bei Gott!
Pille	Verhindert süße Geheimnisse
Promotion	Erhebung in den Doktorenstand (Bei Zufallstreffern macht man keine Witze!)

Prostata	Drüse, die durch Verstehen aktiviert wird
Proktologe	Fernrohrartist
Pompadour	Geliebte von Onkel Ludwig (XV.); Handtaschenfetischist?
Pendant	Gegenstück
Pschyrembel	(Willibald) Erfinder des gleichnamigen „Pschyrembels"; auch als Klinisches Wörterbuch bekannt
Reff	Altes Reff: Seemannsdame, die in die Jahre gekommen ist; auch Vorrichtung zur Verkürzung eines Segels
Rektor	Leiter der Akademischen Selbstverwaltung, Magnifizenz genannt
Rigorosum	Unerbittliche Prüfung, häufig mit Gehirnstarre verbunden
Relaxen	Kommt gleich nach obigem
Seemann	Hat im Gegensatz zum Inselmann, der meist trocken ist, gerne Wasser unter sich
Sechs Köpfe	Die von humeri, coxae, tali (Fragen Sie einen Mediziner oder Apotheker!)
Silikon	Umstrittener „BH"-Füller

Sintflut	Umweltfreundliches Reinigungsmittel
Spekulum	Instrument für Neugierige (Spiegel)
Stethoskop	griech. = Brustschauinstrument
Studenten-verbindung	Vereinigung zur Steigerung des Bierkonsums; ansonsten eine sehr honorige Sache
Suppositorium	Eines der Dinge, die man von unten einschieben sollte (Zäpfchen)
Schäkern	necken (jiddisch)
Tutu	Was für Gourmets ist das Menü, ist für´s Ballett stets das Tutu! (Ballettröckchen)
WC	Auch Thron genannt (siehe unter Herrscherutensilien)
„Zu sein"	Ostarichischer Begriff für volle Weinschläuche. Wird auch verwendet, wenn der Geist des Homo sapiens durch Wein versiegelt ward.

Für den Notfall

Solltest Du, geneigter Leser, schon am frühen Morgen barfuß und auf leisen Sohlen in die Buchhandlung eilen, um dir das neue Hippokrates-Büchlein zu holen, kann es sein, daß sich ein Warzenvirus in Deine Haut schleicht.

Dann greife bitte gleich zur folgenden Mixtur
– Deine Haut wird begeistert sein.
(Und außerdem können die Viren auch allein hingehen, wenn sie unbedingt lesen wollen!)

Rp.   Acid. aceticum glaciale
        Acidum lacticum
        Acidum salicylicum   aa 3,0
        Collodium elasticum   ad 30,0

nach   OMR Dr. Gerold Kaiser

Dr. med. Gerold Kaiser
Oh heiliger Hippokrates
Medizynische Lyrik

102 Seiten, 12 Abbildungen
ISBN 3-85175-642-8
Leinen geb.; öS 198,- / DM 29,-

Ein Buch, das sich mit Humor in liebevoller Weise beruflichen Anliegen der Ärzte widmet und auch ihre Leistungen würdigt.

Da sie in ihrem Beruf unter einer besonders starken psychischen Belastung stehen, sollen sie bei dieser Lektüre über sich selbst schmunzeln können und ein wenig Entspannung finden.

Der Autor, Facharzt für Orthopädie mit langjähriger Praxis, findet immer die treffenden Worte.

VERLAG WILHELM MAUDRICH
Wien - München - Bern